Weltreise durch Berlin

Kultur, Kulinarik, Feste

Jaron Verlag

Das Autor*innen-Kollektiv: Tabea Pauli, Anna Marie Muß, Paula Reuß, Anna Zachmann, Arnt Cobbers.
Herzlichen Dank an alle, die uns mit ihren Tipps und Empfehlungen geholfen haben!

Originalausgabe
1. Auflage 2023

www.jaron-verlag.de
Umschlaggestaltung: Bauer+Möhring, Berlin, unter Verwendung eines Fotos von Günter Schneider (Karneval der Kulturen)
Satz und Layout: Prill Partners | producing, Barcelona
Lithografie: Bild1Druck GmbH, Berlin
Karten: Anna Zachmann. Dank an heyrabbiticons, kanateicons, Olga Z
Druck und Bindung: Druckhaus Sportflieger, Berlin

ISBN 978-3-89773-442-5

Inhalt

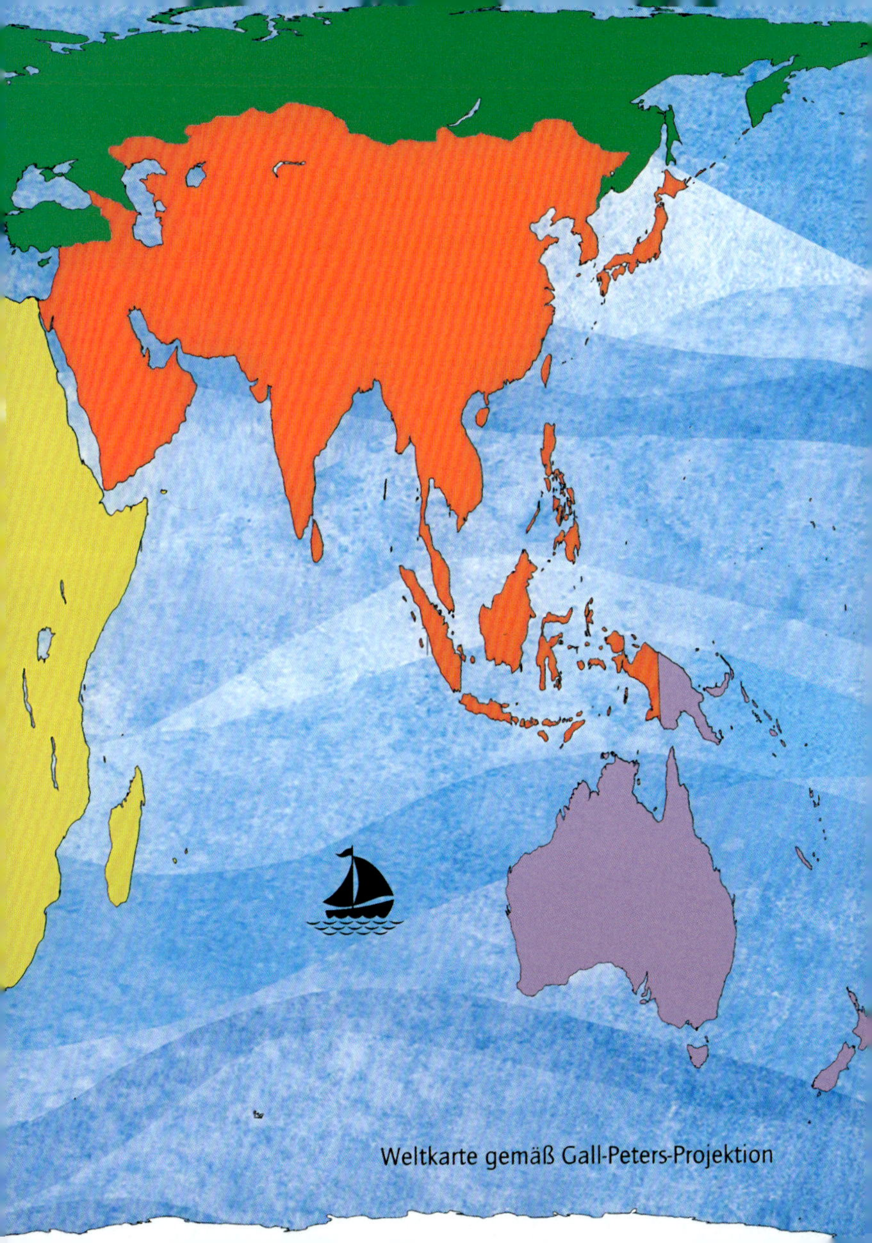

Weltkarte gemäß Gall-Peters-Projektion

Wir haben uns bemüht, für alle genannten Orte, Events und Vereine die aktuellen Adressen und Internetseiten zu nennen. Trotzdem kann sich kurzfristig immer etwas ändern. Wir empfehlen deshalb, die Angaben vor Ihrem Besuch noch einmal zu prüfen.
Wir distanzieren uns von allen Inhalten der genannten Webseiten und machen uns diese Inhalte nicht zu eigen.

Vor Reisebeginn

Berlin ist eine Weltstadt – und zwar in jeder Hinsicht. Wo sonst kann man an nur einem Tag so viele Länder entdecken? Frühstück in einer französischen Patisserie, dann ein Ausflug in die Australia Shopping World und zum Mittag ein Zwischenstopp im ältesten japanischen Imbiss Europas. Am Nachmittag ein Spaziergang durch die Rocky Mountains, noch schnell am Flussufer einen Tango aufs Parkett gelegt, bevor es für Jollof-Reis und Waayke in ein westafrikanisches Restaurant geht. Den Abend lässt man dann ganz entspannt beim australischen Filmfestival ausklingen. Klingt unmöglich – ist in Berlin aber gar kein Problem!
In der Hauptstadt treffen die Kulturen unterschiedlichster Länder aufeinander. Mal haben Menschen mit Migrationshintergrund Läden eröffnet, mit denen sie ein Stück Heimat nach Berlin bringen wollen; mal möchten Menschen, die auf Reisen einer anderen Kultur verfallen sind, etwas vom Lebensgefühl dieses Landes transportieren. In jedem Fall gibt es in Berlin viel zu erleben. Wir machen uns auf – und reisen in nicht 80, aber doch über 70 Ländern durch die Stadt!

Wir beginnen in Europa, denn natürlich hat aus den umliegenden Ländern besonders viel den Weg nach Deutschland und Berlin gefunden: Ob dänisches Hygge-Gefühl, finnische Saunakultur, osteuropäische Küche oder mediterrane Gärten – in Berlin ist fast jedes europäische Land vertreten. Neben Kulturzentren und -festivals erkunden wir auch viele unbekanntere Orte. Darunter sind eine von Queen Elizabeth II. persönlich gepflanzte Eiche, der Austragungsort der Weltmeisterschaft der Islandpferde 2013/2019 und ein Schweizer „Chuchichäschtli" (Küchenschränkchen).
Über die mediterranen Länder reisen wir dann weiter nach Afrika. Bis heute ist das vermutlich der Kontinent, über dessen kulturellen Reichtum wir am wenigsten wissen. Dabei kann man auch in Berlin viel über die afrikanische Geschichte und Kultur lernen: im arabischen Kalligrafiekurs, im südafrikanischen Gewächshaus oder in einer Sprachschule, die sich allein den afrikanischen Sprachen verschrieben hat. Natürlich lassen wir die Kolonialgeschichte, die Deutschland mit einigen afrikanischen Staaten verbindet,

bei unserer Afrikareise nicht außer Acht – zumal es in Berlin diverse Vereine und Einrichtungen gibt, die sich für die Aufarbeitung einsetzen und im Rahmen dessen unter anderem Stadt- und Museumsführungen anbieten.
Auch über Asien kann man in den Berliner Museen viel erfahren, denn es gibt nicht nur eine, sondern gleich zwei große Kunstsammlungen, die sich der Kultur des größten der fünf Kontinente widmen. Aber auch unerwartete Orte laden zu einer Reise auf den asiatischen Kontinent ein: Auf dem Mauerweg am südlichen Stadtrand zum Beispiel findet sich das Geschenk eines japanischen TV-Senders, im Preußenpark hält sich seit Jahren Deutschlands größter Thai-Streetfood-Markt, und nicht weit hinter der Stadtgrenze kann man an einem Brandenburger See in einer mongolischen Jurte übernachten.
Weiter geht es nach Australien und Ozeanien. Wir besuchen die größten lebenden Beuteltiere im Berliner Zoo und entdecken historische Südsee-Schiffe im Humboldt Forum. Der kleinste Kontinent hat auch in der Hauptstadt mehr zu bieten, als man vermuten könnte!
Über Hawaii reisen wir weiter nach Nordamerika. Wir testen den einzigen echt kanadischen Poutine-Catering-Service der Stadt und erkunden die amerikanische Kultur vom Independence Day über die Swing-Tanz-Szene der 20er-Jahre und ein traditionsreiches 50s-Diner bis zum NBA Store.
Weiter südlich finden antike Traditionen und moderne Innovationen zusammen: Obwohl Mittelamerika geografisch zu Nordamerika zählt, bilden die „mesoamerikanischen" Länder einen eigenen bunten Kulturraum. Wir haben die besten karibischen Rumverkaufsstellen, Lateintanzschulen und Ausstellungsorte zusammengetragen.
Das letzte Ziel unserer Reise ist Südamerika. Von dort haben nicht nur einige Kunsthandwerker*innen, sondern auch Anden-Scheinbuchen (im Botanischen Garten) und Arepas (im Foodtruck) ihren Weg nach Berlin gefunden.

Natürlich gibt es noch viel mehr Länder, die in Berlin mit Restaurants, Kulturzentren und anderen Stätten vertreten sind – für dieses Buch mussten wir uns aber auf eine Auswahl beschränken. Wer auf der Suche nach Orten anderer Länder ist: Die Homepages der Botschaften bieten hier meist einen guten Ausgangspunkt für die Recherche.

Genauso wie die Entscheidung, einige Länder hier nicht zu nennen, haben wir uns auch die Entscheidung, gewisse Länder mit aufzunehmen, nicht leicht gemacht – wenn diese Länder zum Beispiel von autoritären Regimen regiert werden. Wir haben uns trotzdem dafür entschieden, ausgewählte Angebote aus solchen Ländern hier vorzustellen – nicht zuletzt, weil gerade diese Angebote häufig die Teile der Kultur repräsentieren, die im Land selbst keinen Raum haben und von Menschen initiiert sind, die dort verfolgt und/oder vertrieben wurden.
Überhaupt war uns bei der Auswahl unserer Empfehlungen wichtig, möglichst viele unterschiedliche Facetten der Länder und Kulturen vorzustellen. Natürlich sind ein paar Must Sees dabei, auf die wir nicht verzichten wollten. Dazu haben wir aber auch viele Geheimtipps gefunden – man glaubt gar nicht, was es in Berlin so alles zu entdecken gibt.

In diesem Sinne wünschen wir: Gute Reise – und viel Freude beim Stöbern in diesem Buch!

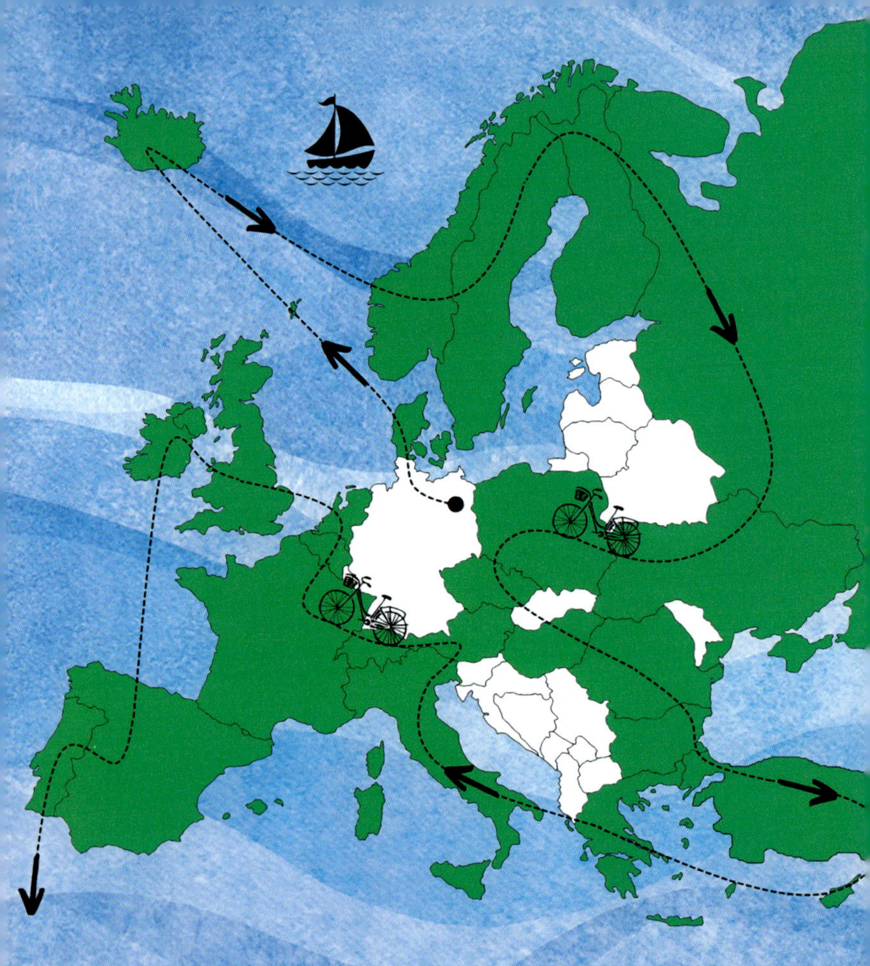

EUROPA

Auch wenn die vielen europäischen Länder dicht gedrängt den kleinsten Kontinent besetzen, haben sie doch alle ihre jeweils eigene Kultur entwickelt: Croissants und Café au lait verbindet man mit einem Morgen in Paris, bei Sauna denkt man an eine Holzhütte in den finnischen Wäldern, und große Säulengänge vor tempelartigen Gebäuden verortet man in Griechenland oder Italien. Dabei gibt es all das in Berlin. Ganz einfach reist es sich hier durch Europa – zu den „liebsten Reisezielen" der Deutschen, aber auch in die Länder, deren Kultur hierzulande weniger bekannt ist. Wussten Sie zum Beispiel, dass es in Berlin gleich mehrere bulgarische Volksmusik-Chöre gibt? Bevor wir auf die Reise gehen, besuchen wir zwei Institutionen, die ganz Europa im Blick haben.

Europäisches Haus Berlin

Wer sich für die Geschichte und die aktuelle Politik der Europäischen Union interessiert, sollte dem Europäischen Haus einen Besuch abstatten. Hier präsentiert die Vertretung der Europäischen Kommission in Deutschland die interaktive Dauerausstellung „Erlebnis Europa". Die Medienstationen bieten einen Überblick über die Geschichte der EU. Und wer praktisch veranlagt ist, kann im Rahmen eines Planspiels auch selbst politisch aktiv werden.

Unter den Linden 78, Mitte, erlebnis-europa.eu

Museum Europäischer Kulturen

„Alltagskultur und Lebenswelten" stehen im Museum Europäischer Kulturen im Mittelpunkt. Die ältesten Exponate stammen aus dem 18. Jahrhundert, die jüngsten aus unserer Zeit – zum Beispiel das Modell eines Dönerspießes in der Dauerausstellung „Kulturkontakte. Leben in Europa". Neben wechselnden Sonderausstellungen veranstaltet das Museum auch die Europäischen Kulturtage, bei denen jedes Jahr ein anderer Ort Europas, sei es Stadt oder Land, im Mittelpunkt steht.

Arnimallee 25, Dahlem, smb.museum

DÄNEMARK

Wir beginnen unsere Weltreise in Skandinavien. 67 Kilometer Grenze teilen sich Deutschland und Dänemark, und es gibt auch eine dänische Minderheit in Deutschland – ebenso eine deutsche in Dänemark. Spätestens seit dem „Hygge"-Boom ist dänische Lebensart südlich von Schleswig populär – und damit auch in Berlin sichtbarer geworden.

SO/ Berlin Das Stue

In einer echten Botschaft übernachten – das kann man als Nicht-Diplomat wohl nur in Berlin. Allerdings beherbergt das stattliche Gebäude am Rande des Tiergartens nicht mehr die Königlich Dänische Gesandtschaft, für die es Ende der 1930er-Jahre von Emil Schaudt, dem Architekten des KaDeWe, errichtet wurde, sondern ein Luxushotel – dessen Name an die Geschichte des Hauses erinnert: „Stue" ist dänisch und bedeutet Stube.

Drakestraße 1, Tiergarten, so-berlin-das-stue.com

Lakrids by Bülow

Seit 2007 verkauft der Däne Johan Bülow selbst gemachte Lakritze. Seinen ersten Laden eröffnete er in Svaneke auf Bornholm – wo, so heißt es, schon zwei Stunden nach der Eröffnung alles ausverkauft war. Ein Jahr später eröffnete Bülow eine Fabrik, inzwischen vertreibt er seine Lakritze weit über die Grenzen Dänemarks hinaus, auch in drei Berliner Filialen. Die kleinen Packungen sind nicht gerade günstig, dafür ist die Lakritze wirklich etwas Besonderes – und vor allem „echt dänisch".

im KaDeWe, Tauentzienstraße 21–24, Schöneberg
im Bikini Berlin: Budapester Straße 38–50, Charlottenburg
Schloßstraße 26, Steglitz, lakridsbybulow.de

Bäckerei SOFI

Zimtschnecken sind in ganz Skandinavien populär. Die dänische Variante gibt's in bester Qualität in der Bäckerei SOFI, natürlich selbst gebacken. Aber auch andere, weniger bekannte dänische Spezialitäten kann man probieren, zum Beispiel ein typisch dänisches Käsegebäck mit Butter. Sogar die Innenausstattung des Ladens stammt aus dänischer Hand, und so kann man sich hier bei bester Verpflegung und in gemütlichem Ambiente ein bisschen wie in Kopenhagen fühlen.

Sophienstraße 21, Mitte, sofiberlin.com

Mads Nørgaard

Die Dän*innen sind für ihr Design bekannt – auch in der Modewelt. Mads Nørgaard steht für einen zeitlosen Style und nachhaltige Produktion, berühmt gemacht hat ihn das #101, *das* gestreifte T-Shirt schlechthin, das schon über drei Millionen Menschen im Kleiderschrank haben. 2023 eröffnete das Label einen Flagship Store in Berlin, der „dänische Klassiker mit von Berlin inspirierten industriellen Materialien" verbindet. Hier werden auch Kollaborationen mit Künstler*innen verkauft; den Auftakt machte eine Kampagne zum Frauentag mit Ursula Reuter Christiansen.

Münzstraße 7, Mitte, madsnorgaard.de

NEUSTART. Deutsch-dänische Musikkooperation

2020 sollte das „Jahr der deutsch-dänischen Kulturfreundschaft" werden, doch dann kam die Pandemie. Mit der Unterstützung von Music Export Denmark und der Dänischen Botschaft in Berlin gründeten mehrere dänische Musikorganisationen deshalb die NEUSTART-Initiative. Sie organisiert Konzerte und Artist-in-Residence-Programme, bietet Netzwerkveranstaltungen und Seminare an. Einen Überblick über die diversen Veranstaltungen findet man auf der Webseite und in den sozialen Medien.

neustartmusik.de

HYGGE. Das dänische Lädchen

Wer zum dänischen Lädchen will, sollte etwas Fahrzeit einplanen. Man muss aber nicht bis nach Dänemark reisen, sondern nur nach Diedersdorf südlich von Berlin. Im ehemaligen Taubenturm des Schlosses macht das dänische Lädchen seinem Namen „hygge" (dänisch für gemütlich) alle Ehren: Für Kund*innen gibt es einen Kaffee in behaglicher Atmosphäre, und wer möchte, kann sich einer ausführlichen Farb- und Stilberatung unterziehen. Die Klamotten und Accessoires hier stammen ausschließlich aus Skandinavien, insbesondere natürlich aus Dänemark.

Kirchplatz 5–6, Großbeeren-Diedersdorf,
hygge-laden-diedersdorf.de

Christianskirken

1896 führte zum ersten Mal ein dänischer Pastor einen Gottesdienst in Berlin durch. Danach dauerte es aber noch 16 Jahre, bis Exil-Dän*innen eine eigene Gemeinde gründeten, und weitere 16 Jahre, bis eine eigene Kirche eingeweiht werden konnte: die Christianskirken in der heutigen Stresemannstraße. In den 60er-Jahren musste die Gemeinde umziehen und hat ihren Sitz heute in der Nähe des Fehrbelliner Platzes. Regelmäßig finden Gottesdienste und andere Veranstaltungen in dänischer Sprache statt.

Brienner Straße 12,
Wilmersdorf, christianskirken.de

Der Glockenstuhl der Christianskirken

Skandinavien

Nordische Botschaften/Felleshus

Die enge Verbindung zwischen den skandinavischen Ländern spiegelt sich auch in dem gemeinsamen Botschaftskomplex am Rande des Tiergartens wider, der 1999 eröffnet wurde. Neben den fünf einzelnen Botschaften gibt es das Felleshus, in dem die fünf Länder mal gemeinsam, mal auf eigene Faust Ausstellungen, Events und Konferenzen ausrichten: von „Heavy Metal aus den nordischen Ländern" über klassische Kunstausstellungen bis hin zu Rad-Touren zum Thema dänische Stadtentwicklung. Auch die Kaffebar und die Kantine im Felleshus versprühen nordischen Charme und sind zu ausgewählten Zeiten für Besucher*innen von außerhalb der Botschaft zugänglich.

Rauchstraße 1, Mitte, nordischebotschaften.org

Pankebuch

Bei der Buchhandlung Pankebuch gibt es „die schönsten Bücher des Nordens". Seit 2013 ist sie die Partnerbuchhandlung der Nordischen Botschaften, bietet ein großes Sortiment an nordischer und baltischer Literatur und organisiert kulturelle Veranstaltungen rund um Skandinavien und das Baltikum. Es lohnen sich also ein Besuch (natürlich mit bester Beratung!) und ein Blick in den Veranstaltungskalender.

Wilhelm-Kuhr-Straße 5, Pankow, pankebuch.de

Nordic Urban

Søren Lund, J. L. Møllers Møbelfabrik oder Trekanten-Hestbæk A/S: Bei Nordic Urban gibt es eine Vielzahl an nordischen Designfirmen zu entdecken. Im Showroom präsentiert Nordic Urban Möbel, Lampen und Accessoires ausschließlich aus Dänemark, Schweden, Norwegen, Finnland und Island. Wer gleich mehrere Räume im skandinavischen Design einrichten möchte, kann sich auch dazu im Laden beraten lassen.

Friedrichstraße 69, Mitte, nordicurban.com

ISLAND

Nur 370.000 Menschen leben in ganz Island – weniger als im Bezirk Mitte. Trotzdem gibt es auf der Insel, die erst 1918 von Dänemark unabhängig wurde, eine ganz eigene Kultur und eine lebendige Kulturszene, die auch nach Deutschland ausstrahlt. So lebt etwa Hildur Gudnadóttir, von der die oscarprämierte Musik zum Film „Joker" stammt, seit vielen Jahren in Berlin. Neben Lesungen beliebter isländischer Krimiautor*innen, die zum Beispiel in Zusammenarbeit mit den Nordischen Botschaften stattfinden, kann man in Berlin auch an anderen, eher unerwarteten Orten Island entdecken.

Windspiegelwand

Eine Installation aus spiegelnden Edelstahlplatten folgt an der Nordfassade eines Bürogebäudes den Treppenaufgängen im Inneren. 2001 installierte der Künstler Ólafur Elíasson seine Windspiegelwand in Berlin, die kleinen Spiegel bewegen sich (daher der Name) bei Wind und erzeugen Lichtreflexionen. Elíasson, einer der höchstgehandelten Künstler der Welt, ist zwar dänischer Staatsbürger mit Hauptwohnsitz Berlin, doch inspirieren lässt er sich vor allem von seinen isländischen Wurzeln. Übrigens: Im Telefonbuch von Reykjavik würde man ihn unter O finden. Im Isländischen gibt es keine Familiennamen.

Reichpietschufer 20, Tiergarten,
olafureliasson.net/artwork/windspiegelwand-2001

Gallery Gudmundsdottir

Isländische Kunst findet man auch in der Gallery Gudmundsdottir in der Nähe des Rosenthaler Platzes. Regelmäßig präsentieren hier Künstler*innen von der Insel im Nordatlantik ihre Bilder und Installationen. Besucher*innen sind zu den Öffnungszeiten, meist ab Mittag, herzlich willkommen – und natürlich auch zu den regelmäßigen Vernissagen.

Joachimstraße 17, Mitte, gallerygudmundsdottir.com

Tommi's Burger Joint

Ein Burgerladen als etwas typisch Isländisches? Tatsächlich: Die Burgerkette Tommi's ist nicht etwa amerikanischer, sondern isländischer Herkunft. Im Jahr 1982 eröffnete Tómas Tómassen, genannt Tommi, Islands erste Fastfood-Kette – und verkaufte bereits am ersten Tag 1.000 Burger. Heute findet man den Burger Joint nicht nur an acht Standorten in Island, sondern auch in London, Oxford, Kopenhagen und eben in Berlin. In den beiden Filialen (die fast genauso aussehen wie die in Island) kann man sich Burger und Viking Fries zwischen alten Filmplakaten schmecken lassen – unter dem wachsamen Blick von Tommi selbst, dessen Bild in allen seinen Burger Joints zu finden ist.

Kurfürstendamm 212, Charlottenburg
Invalidenstraße 160, Mitte, tommis.is

Islandpferdezentrum Berlin

Dort, wo 2013 und 2019 die Weltmeisterschaft der Islandpferde stattgefunden hat, liegt das Islandpferdezentrum Berlin. Kinder und Erwachsene können hier Reitunterricht nehmen, bei Ausritten dabei sein, eine Reittherapie machen, sich ausbilden lassen und natürlich auch das eigene Islandpferd auf dem Hof einstellen.

Treskowallee 159, Karlshorst, izb.berlin

NORWEGEN

Norwegen ist eines der Lieblingsurlaubsziele deutscher Wohnmobiltouristen – kein Wunder bei dieser spektakulären Fjordlandschaft bis hinauf zum Nordkap! Aber andersherum war Berlin auch seit dem 19. Jahrhundert ein Sehnsuchtsort für Norweger*innen – wegen seiner Kultur. 1860 zog Rikard Nordraak, der Komponist der norwegischen Nationalhymne, nach Berlin, später lebte Edvard Munch („Der Schrei") mehrere Jahre hier. Noch heute findet man norwegische Kunst in Berlin – auch in kulinarischer Form.

Norwegische Kunst

In Berlin gibt es nicht den einen Anlaufpunkt für norwegische Kultur, sondern viele unterschiedliche – und immer wieder neue. Ausstellungen norwegischer Künstler*innen gab es schon im Hamburger Bahnhof, im Art Center Berlin, im Felleshus und in der Berlinischen Galerie. Aktuelle Informationen dazu findet man zum Beispiel auf der Seite der Nordischen Botschaften und im Berliner Museumsportal.

nordischebotschaften.org, museumsportal-berlin.de

Oslo Kaffebar

Kaffee trinken wie in Oslo – in der Oslo Kaffebar wird der Berliner Industrial-Stil mit dem eines gemütlichen norwegischen Holzhauses kombiniert. In einem kleinen „Artspace" werden Werke von lokalen Künstler*innen präsentiert, manchmal finden dazu auch Vernissagen und andere Veranstaltungen statt.

Eichendorffstraße 13, Mitte, oslokaffebar.co

Munch's Hus

Elchbraten, Eismeersaibling und Co. gibt es im Munch's Hus, Deutschlands erstem norwegischen Restaurant. 2001 gründete der Koch Kenneth Gjerrud das Munch's Hus gemeinsam mit seiner Frau, heute ist er nicht nur für seine nordische Küche, sondern auch für seine Gastlichkeit berlinweit bekannt. Inzwischen bekocht er mit seinem Team sogar die Nordischen Botschaften – die Kantine steht Besucher*innen unter der Woche immer zum Mittagstisch offen. Geplant ist außerdem die Eröffnung eines neuen Restaurants für „nordische Tapas" in der Eisenacher Straße in Schöneberg.

Bülowstraße 66, Schöneberg, muchshus.de

Sjømannskirken

Die „Seemannskirche" ist eine gemeinnützige Organisation, die weltweit 28 Kirchen als Ort der Zusammenkunft für Norweger*innen betreibt. Entstanden ist die Organisation, um norwegischen Seemännern auf der ganzen Welt einen sicheren Hafen zu bieten. Dafür reisten die Priester direkt an die Häfen oder besuchten die Schiffe – und tun dies auch heute noch. Die norwegische Kirche in Berlin bietet außerdem ein breites Programm, bestehend aus Sprachkursen, Stammtischen, Kochabenden und vielem mehr – für Norweger*innen und Norwegenbegeisterte.

Wartenburgstraße 7, Kreuzberg, sjomannskirken.no/berlin

SCHWEDEN

Knäckebrot und Köttbullar – die schwedische Küche ist in Berlin schon lange angekommen. Kein Wunder also, dass die meisten schwedischen Orte in der Hauptstadt etwas mit Essen zu tun haben. (Wir sparen uns hier, auf Volvo, H&M, Fjällräven, Spotify, Tetra Pak oder Pippi Langstrumpf hinzuweisen – alles schwedische Marken oder Erfindungen.)

Schweden-Markt

Von der Clayallee sind es nur ein paar Schritte an der Buchlounge Zehlendorf vorbei, bis man den Laden mit den Schwedenflaggen entdeckt. Hier gibt es alles, was das Herz des Schweden-Fans begehrt: von Dalapferdchen und Küchentüchern, die mit bunten Elchen bedruckt sind, über große Knäckebrot-Räder und schwedischen Schnaps (nicht nur Absolut Vodka) bis hin zur unschlagbar großen Marabou-Auswahl. Ganz Mutige erwerben hier sogar Surströmming, den übelriechenden gegorenen Dosen-Hering. Da wünschen wir smaklig måltid!

Clayallee 347a, Zehlendorf,
schweden-markt.de

IKEA

Wenn's um Schweden geht, kommt man an IKEA nicht vorbei. Seit 2002 wirbt das Möbelhaus mit dem Spruch „Wohnst du noch oder lebst du schon?" und ist seit einigen Jahren auch für die Radiowerbung bekannt, in denen eine männliche Stimme mit schwedischem Akzent für das Möbelhaus wirbt – er heißt übrigens Jonas Bergström und spricht schon seit 1999 für IKEA. Viele Besucher*innen kommen selbst dann, wenn sie nicht für die Wohnung einkaufen wollen. Denn gleich hinter dem Eingang bieten die vier Berliner Möbelhäuser im Schwedenshop landestypische Lebensmittel in großer Auswahl – zum Beispiel die beliebten Köttbullar, die es inzwischen auch in vegetarischer Version als Plantbullar gibt. Man kann sie auch gleich vor Ort im Schwedischen Restaurant essen.

ikea.com/de

Herr Nilsson GODIS

Wer Astrid Lindgrens „Pippi Langstrumpf" kennt, erkennt den Affen auf dem Logo: Es ist Pippis Meerkatze „Herr Nilsson". Inzwischen gibt es drei kleine Herr Nilsson-Läden in Berlin, in denen man von veganen Moomin-Fruchtgummis bis zu Dill & Gräslök-Chips einen bunten Mix aus Snacks und Spezialitäten findet – aus Schweden, aber auch aus den anderen skandinavischen Ländern. (Bevor jemand protestiert: Stimmt, die Moomins kommen aus Finnland, sprechen aber schwedisch.)

Wühlischstraße 58, Friedrichshain
Stargarder Straße 58, Prenzlauer Berg
Immanuelkirchstraße 22, Prenzlauer Berg, herrnilsson.com

Svenska kyrkan

Anfang des 20. Jahrhunderts wurde in Berlin die Victoriagemeinde gegründet, die erst in verschiedenen Berliner Kirchen Gottesdienste feierte und dann ein eigenes Haus mit Kirche und Pfarrwohnung in Wilmersdorf bezog, wo sie noch heute ihren Sitz hat. Sie bietet vor allem Schwed*innen einen Raum – sei es im Gottesdienst oder im Kirchenchor –, hat aber insbesondere an zwei Terminen im Jahr ein Programm für Nicht-Schwed*innen: zum Midsommar-Fest Ende Juni und beim Schwedischen Weihnachtsmarkt, der immer am ersten Adventswochenende stattfindet.

Landhausstraße 26, Wilmersdorf, svenskakyrkan.se

FINNLAND

Denkt man an Finnland, so kommen einem unzählige Seen und endlose Wälder – 86 Prozent von Finnland sind bewaldet –, Nordlichter und Rentiere in den Sinn. Die gibt's in Deutschland leider nicht. Vielleicht denkt man aber auch an die finnische Saunakultur, Zimtschnecken und finnisches Design – das alles findet man ebenso in Berlin!

Finnfloat Saunafloß

In skandinavischem Stil entworfen, mit minimalistischem Design und trotzdem gemütlicher Ausstattung: Das Saunafloß von Finnfloat ist „natürlich nordisch" und bietet Besucher*innen echte finnische Entspannung in Berlin. Auf dem Müggelsee kann man sich eines der Flöße mieten, entweder nur für ein paar Stunden oder direkt mit Übernachtung für eine richtige Auszeit aus dem Großstadtalltag. Einen Elch am Seeufer wird man nicht entdecken, aber wenn man nachts in die Sterne schaut, fühlt man sich hier am Berliner Stadtrand fast wie in der wilden Natur.

Müggelseedamm 237, Friedrichshagen, finnfloat.de

Finnland Zentrum Berlin

Seit 1985 veranstaltet das Finnland Zentrum Konzerte und Ausstellungen, richtet Literaturkreise und Frühstückstreffen aus und lädt zu Gottesdiensten ein. Natürlich gibt es auch eine Bibliothek mit finnischer Literatur – und, wie könnte es anders sein, eine finnische Sauna! Für Finnland-Liebhaber*innen ist das Zentrum also der perfekte Anlaufpunkt, um sich über aktuelle Events zu informieren und sich mit anderen Finnland-Fans und Finn*innen zu vernetzen.

Schleiermacherstraße 24a, Kreuzberg
finnlandzentrum.de

Galerie Pleiku

Eine Berliner Galerie nur für zeitgenössische Kunst aus Finnland? Gibt's! Die Galerie Pleiku versteckt sich hinter einer unscheinbaren grauen Fassade im Prenzlauer Berg und steht Besucher*innen immer nachmittags offen – Eintritt frei. Die Ausstellungen wechseln mal nach wenigen Wochen, mal nach einigen Monaten, auf jeden Fall aber oft genug, dass man hier regelmäßig vorbeischauen und immer wieder Neues entdecken kann.

Eugen-Schönhaar-Straße 6a, Prenzlauer Berg, galeriepleiku.de

Das Alvar-Aalto-Haus im Hansaviertel

Alvar-Aalto-Haus

Alvar Aalto war einer der berühmtesten Architekten der klassischen Moderne. Eines seiner Häuser steht in Berlin: im Hansaviertel, das im Rahmen der Internationalen Bauausstellung 1957 entstand. Äußerlich elegant, aber schlicht, ist es im Inneren genial konzipiert. So ist das Haus leicht nach Westen hin geknickt, was eine Öffnung nach Osten und somit mehr Licht in den Wohnungen bedeutet. Im Rahmen von Hansaviertel-Architektur-Führungen kann das Haus besichtigt werden.

Klopstockstraße 32, Hansaviertel

Kioski

„Korvapuusti", das ist der finnische Name für Zimtschnecken. Die gibt's im Kioski in Kreuzberg, einem echten Kiosk in einer kleinen gelben Box im Hinterhof. Gegründet wurde das Lädchen von Ann-Marie von Löw, die selbst finnische Wurzeln hat. Auf der Karte stehen bei ihr auch italienischer Kaffee und süddeutsche Kleinigkeiten, die finnischen Zimtschnecken sind aber eines der ganz besonderen (und besonders beliebten) Highlights.

Ritterstraße 9, Kreuzberg, Kioski.berlin

RUSSLAND

Russland fällt derzeit leider als Reiseziel aus. Auch wir wollen einen Bogen um das größte Land der Erde machen, da die politischen Hintergründe vieler Einrichtungen und Geschäfte schwer bis gar nicht nachzuvollziehen sind. Wer sich weiter informieren möchte, findet zum Beispiel bei „Russkij Berlin" eine Karte mit russischen Orten in Berlin.
Ein paar historische Empfehlungen wollen wir aber doch geben. Denn die kulturellen Verbindungen zwischen Deutschland und Russland sind, trotz aller Kriege, seit Jahrhunderten eng. So ist zum Beispiel der Alexanderplatz nach Zar Alexander I. benannt – der eine deutsche Mutter und eine deutsche Ehefrau hatte. Ab 1919 flüchteten zahllose Russen vor dem Bürgerkrieg und der bolschewistischen Revolution in Richtung Westen. Man geht von über 300.000 russischen Emigrant*innen in Berlin aus, von denen die meisten die Stadt nach der Währungsreform 1923 wieder verließen, um nach Paris oder in die USA weiterzureisen – darunter berühmte Namen wie Maxim Gorki, Wassily Kandinsky und Vladimir Nabokov. Sie wohnten vor allem in Wilmersdorf und Charlottenburg, das deshalb auch „Charlottengrad" genannt wurde.

Stadtführung durch Charlottenburg

Auf einer mehrstündigen Stadtführung kann man in Charlottenburg auf den Spuren von russischen Künstler*innen, Literat*innen, Exilant*innen und Geheimdienstler*innen wandeln. Informationen über aktuelle Angebote findet man zum Beispiel im Berliner Hauptstadtportal.

berlin.de/tourismus/stadtfuehrungen

Russischer Friedhof

Der einzige russisch-orthodoxe Friedhof in Berlin wurde 1893/94 angelegt. Zar Alexander III. ließ 4.000 Tonnen Erde aus Russland in vier Eisenbahnzügen nach Berlin bringen, damit die Verstorbenen in heimatlichem Boden ruhen konnten. Hier sind unter anderem ein russischer Außenminister und ein russischer Kriegsminister beerdigt sowie auch Vladimir Nabokov – der Vater des berühmten Schriftstellers gleichen Namens.

Wittestraße 37, Tegel

Blockhaus Nikolskoe

Das Blockhaus Nikolskoe, auch Russisches Haus genannt, wurde Anfang des 19. Jahrhunderts zu Ehren des späteren Zaren Nikolaus I. erbaut, der mit Charlotte, der Tochter König Friedrich Wilhelms III., verheiratet war und damals Berlin besuchte. Es ähnelt äußerlich einem russischen Bauernhaus, wurde aber – wie es sich für ein Ausflugsdomizil der königlichen Familie gehört – um eine Etage aufgestockt und beherbergte eine Teestube und eine Wohnung für einen „Aufseher". In den 1920er-Jahren wurde das Haus zum Restaurant umgebaut. Heute gibt es in Nikolskoe deutsche Hausmannskost, die man im Sommer auch auf der Terrasse mit Blick auf die Havel genießen kann.

Nikolskoer Weg 15, Wannsee, blockhaus-nikolskoe.de

Alexandrowka

1826/27 ließ Friedrich Wilhelm III. in Potsdam eine kleine Siedlung mit Holzhäusern im russischen Stil errichten, die russischen Sängern des ersten Garderegiments ihr Heimweh lindern sollten. Nördlich auf dem Kapellen-

Haus in der Kolonie Alexandrowka in Postdam

berg erbaute man eine eigene Kirche. Benannt wurde die Kolonie Alexandrowka, zum Gedenken an den gerade verstorbenen Zaren Alexander I. In einem der original erhaltenen Häuser findet man heute ein Museum zur Geschichte der Kolonie, in Haus 1 ein Café-Restaurant mit schönem Garten, in dem man keine Cola bestellen kann – dafür Birkensaft! Die gesamte Anlage mit den großen Obstgärten wurde von Lenné entworfen. Hier wachsen noch zahlreiche historische Obstsorten – die ältesten gehen zurück aufs 13. Jahrhundert.

Russische Kolonie, Potsdam, alexandrowka.de

Osteuropa

LEDO Supermarkt

Von außen sehen die LEDO-Filialen aus wie ganz normale Supermärkte, das Sortiment hat aber einen klaren Fokus auf osteuropäische Lebensmittel. Im Kühlregal steht neben deutscher Weidemilch der „Mazurski Smak" (eine Art Frischkäse aus Polen), und neben Thunfisch aus der Dose findet man ein „Kaviar-Set". Wer gern osteuropäisch kocht, ist hier richtig.

Quäkerstraße 2, Reinickendorf
Heerstraße 2, Charlottenburg
Forckenbeckstraße 1, Wilmersdorf
ledo-supermarkt.de

Osteuropa-Abteilung

Über 1,4 Millionen Bücher aus Osteuropa findet man in der Staatsbibliothek zu Berlin – und jährlich kommen über 10.000 Bände dazu. Es handelt sich vor allem um geisteswissenschaftliche Literatur wie die etwa 400.000 Schriften zur Slawistik, aber auch um kirchenslawische Drucke aus dem 16. Jahrhundert und alte serbische Handschriften der Sammlung Wuk. Einen Teil der Sammlung kann man im Osteuropa-Lesesaal in der Potsdamer Straße einsehen, dort gibt es darüber hinaus einige aktuelle osteuropäische Tageszeitungen.

Potsdamer Straße 33, Tiergarten, staatsbibliothek-berlin.de

UKRAINE

Im Jahr 2022 flohen über 100.000 Menschen aus der Ukraine nach Berlin. Hier hat sich eine große ukrainische Gemeinschaft entwickelt – die noch immer wächst. Viele Projekte zur interkulturellen Zusammenarbeit gab es jedoch schon vor dem russischen Angriffskrieg, und die sind heute wichtiger denn je.

CineMova e. V.

Der Verein CineMova setzt sich für politische Bildung ein, richtet Seminare über die Geschichte der Ukraine sowie Diskussionsrunden zu aktuellen politischen Themen aus und unterstützt Geflüchtete aus der Ukraine. Der Fokus seiner Arbeit liegt aber auf der ukrainischen Filmlandschaft: Schon seit 2009 zeigt der Ukrainische Kinoklub regelmäßig Filme ukrainischer, ost- und südeuropäischer Regisseur*innen. Zurzeit finden die Vorführungen im Kino der Brotfabrik statt. Infos gibt's auf der Webseite oder den Social-Media-Kanälen des Vereins.

Kino in der Brotfabrik: Caligariplatz 1, Weißensee, cinemova.de

Kyjiwer Gespräche

Ursprünglich ein Konferenzformat zu gesellschaftlichen und politischen Themen, verstehen sich die Kyjiwer Gespräche heute als unabhängige

Plattform für den Austausch zwischen der Ukraine und Deutschland. Von Deutschland aus werden Projekte und Initiativen in der Ukraine unterstützt sowie Wettbewerbe und Konferenzen organisiert – die man über ihre Plattform (u. a. Videos auf YouTube) wie durch ein kleines Fenster in die Ukraine mitverfolgen kann. Seit 2022 ist die Arbeit außerdem von Integrationsprojekten und der Unterstützung beim Wiederaufbau der Ukraine geprägt. **Erkelenzdamm 59, Kreuzberg, kyiv-dialogue.org/de**

Stadtteilbibliothek Karow

Den größten Bestand an ukrainischen Büchern in einer Berliner Bibliothek findet man – sehr unerwartet – in der Stadtteilbibliothek Karow. 400 Bücher hat Botschafter Oleksii Makeiev Anfang 2023 an die Bibliothek übergeben – denn gerade hier, im Nordosten Pankows, leben inzwischen viele Ukrainer*innen. Seit 2022 richtet die Bibliothek regelmäßig Veranstaltungen für und mit ukrainischen Geflüchteten aus und ist so zu einem Begegnungsort für Deutsche und Ukrainer*innen geworden.

Achillesstraße 77, Karow,
berlin.de/stadtbibliothek-pankow/bibliotheken/stadtteilbibliothek-karow

Bar Space Meduza

Warum der CineMova e. V. die Bar Space Meduza als einen „ukrainischen Ort" in Berlin empfiehlt, wird bei einem Besuch schnell klar: Auf der Karte findet man unter den Cocktails neben Klassikern wie Mai Tai und Mojito zum Beispiel einen Zelenskiy oder ein Kyjiv Mule. Die Bar sammelte 2022 Spenden für die Ukraine, heute ist sie ein Treffpunkt für Ukrainer*innen in Berlin. Regelmäßig finden hier Kultur- und Netzwerkveranstaltungen statt.

Skalitzer Straße 80, Kreuzberg, spacemeduza.berlin

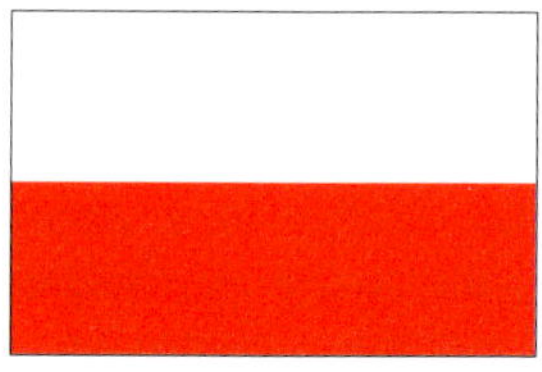

POLEN

Über 66.000 Pol*innen hat es in die deutsche Hauptstadt verschlagen. Damit bilden sie die zweitgrößte Ausländer*innengruppe in Berlin, und dementsprechend viel polnische Kultur gibt es hier zu erleben.

Polnisches Institut Berlin

Das Polnische Institut in Berlin setzt sich nicht nur für die Vermittlung der polnischen Kultur in Deutschland ein, sondern fungiert darüber hinaus als Vermittler für deutsche Kulturschaffende, die Kontakt zu Polen suchen. Neben der hauseigenen Galerie, in der Ausstellungen polnischer Künstler*innen sowie ein allgemeines Kulturprogramm stattfinden, organisiert das Institut auch größere Formate wie zum Beispiel das filmPOLSKA-Festival und langfristig angelegte Austauschprogramme. Im Haus findet man außerdem eine frei zugängliche Bibliothek mit 30.000 Medien rund um Polen und polnische Kultur.

Burgstraße 27, Mitte, instytutpolski.pl/berlin

Club der polnischen Versager

Aus einem Stammtisch in Berlin lebender polnischer Künstler entstand 2001 der Club der polnischen Versager. Er ist „eine Plattform für analoge Kommunikation, eine Versuchsanordnung für alle Willigen" – sprich: ein etwas ungewöhnlicher Ort für den kulturellen Austausch. Im Club finden Konzerte, Lesungen, Satireshows, Filmabende und Artverwandtes statt, der Veranstaltungskalender hat so einiges zu bieten. Außerhalb davon ist der Club „geöffnet, wenn nicht geschlossen" – so einfach kann's sein.

Ackerstraße 168, Mitte, polnischeversager.de

Buchbund

Der Buchbund ist die einzige deutsch-polnische Buchhandlung in Berlin. Neben ihrem deutsch- und englischsprachigen Sortiment haben die Buchhändler*innen auch eine Auswahl an polnischen Büchern (und Büchern über Polen) in den Regalen stehen. Außerdem hat der Buchbund schon diverse Veranstaltungsreihen organisiert, darunter „Polnisch poetisch" mit Esther Kinsky, aus der eine gleichnamige Anthologie hervorgegangen ist.

Sanderstraße 8, Neukölln, buchbund.de

Polnischer Sternenmarkt

In der idyllischen Potsdamer Innenstadt findet regelmäßig ein polnischer Weihnachtsmarkt statt, der sogenannte Sternenmarkt. Auf dem Kutschstallhof kann man wie in Polen Weihnachten feiern, traditionellen Weihnachtsschmuck kaufen und polnisches Festtagsessen probieren – zum Beispiel die berühmten Lebkuchen aus Toruń/Thorn. Als Begleitprogramm finden auf der Bühne im Hof Konzerte, Tanzvorführungen und Theaterinstallationen statt – eine kleine Reise in die polnische Weihnachtszeit.

Am Neuen Markt 9a, Potsdam, kutschstall.de

Myśliwska

1990 eröffnete der polnische Künstler Witold Marcinkiewicz die Bar Myśliwska. Über die Jahre ist sie zu einem Treffpunkt nicht nur polnischer Künstler*innen, sondern auch der gesamten Kreuzberger Kulturszene geworden. Auch heute gibt es im Myśliwska polnisches Bier, regelmäßig legen DJs auf, und immer wieder finden Kulturveranstaltungen wie Lesungen statt.

Schlesische Straße 35, Kreuzberg

TSCHECHIEN

Ein Ausflug nach Prag bietet sich von Berlin aus als Wochenendtrip an – dabei muss man gar nicht so weit fahren, um ein bisschen tschechisches Lebensgefühl zu erfahren.

Tschechisches Zentrum Berlin

Seit 1993 setzt sich das Tschechische Zentrum in Berlin für den Austausch zwischen Deutschland und Tschechien ein. In Zusammenarbeit mit kulturellen Einrichtungen entstehen Veranstaltungsprogramme, manche werden vom Zentrum selbst organisiert – insbesondere Projekte im Rahmen der Programmschwerpunkte Musik, Film, Literatur und Kunst sowie Design und Architektur. Auch Sprachkurse werden über das Tschechische Zentrum angeboten, und in der hauseigenen Bibliothek können Romane und Kinderbücher tschechischer Autor*innen ausgeliehen werden.

Neue Schönhauser Straße 20, Mitte, berlin.czechcentres.cz/de

Prager Hopfenstube

Es gibt eine ganze Reihe tschechischer oder böhmischer Restaurants in Berlin – die aber oft recht kurzlebig sind. Darum beschränken wir uns auf einen Tipp für einen Restaurant-Ausflug nach Prag: Die Prager Hopfenstube bietet typisch tschechische (und somit relativ fleischlastige) Küche, zum Beispiel Kasslersteak mit Lepenice (einer Art Kartoffelsalat mit Schmorzwiebeln), Gulasch „Prager Art" oder Krakonošův Bramborák (Kartoffelpuffer „nach böhmischem Rezept") mit Räucherlachs. Dazu gibt es eine kleine Auswahl an tschechischem Bier – sowie Obstbrände und Spirituosen, die eigens aus Tschechien importiert werden.

Karl-Marx-Allee 127, Friedrichshain

UNGARN

Als typisch ungarisch gilt hierzulande Gulasch – dabei heißt das Gericht in Ungarn „Pörkölt", und „Gulasch" ist in Ungarn eine Suppe. Wer das verwirrend findet, kann sich in der Ungarischen Speisekammer beraten lassen. Und wer lieber ungarische Kunst erkundet, wird im Archiv der Akademie der Künste fündig.

Borsó Deli

Die „Ungarische Speisekammer" hat sich seit 2016 der Mission verschrieben, ungarische Kultur nach Berlin zu bringen. Hier findet man typisch ungarische Lebensmittel, das heißt vor allem viel Fleisch und Wurst, und eine große Auswahl an ungarischen Weinen. Ein besonderer Fokus liegt dabei auf Produkten aus kleinen Handwerksunternehmen. Übrigens: Tokajer wurde vor hundert Jahren als teuerster Wein der Welt gehandelt und ist jetzt wieder ähnlich teuer wie Spitzen-Bordeaux und Edel-Mosel.

Wilmersdorfer Straße 152, Charlottenburg, borso-deli.de

Archive ungarischer Autor*innen

Hunderte Archivkästen in der Berliner Akademie der Künste sind mit Manuskripten, Entwürfen, Notizen, persönlichen Dokumenten und Fotos ungarischer Autor*innen gefüllt. Hier findet man unter anderem Unterlagen von György Konrád, Péter Esterházy und Imre Kertész. Zuletzt, 2022, hat Péter Nádas, der als einer der wichtigsten europäischen Schriftsteller gilt, sein künstlerisches Archiv der Berliner Akademie der Künste übergeben. Alle Archive können zu Forschungszwecken eingesehen werden.

Pariser Platz 4, Mitte, adk.de

RUMÄNIEN

Fast 28.000 rumänische Staatsbürger*innen leben in Berlin, und trotzdem ist ihre Kultur hier lange nicht so präsent wie die anderer Länder. Übrigens: Seit dem 12. Jahrhundert gibt es eine deutschsprachige Minderheit in Rumänen, die in den letzten Jahrzehnten allerdings sehr zusammengeschmolzen ist. Der rumänische Staatspräsident Klaus Iohannis ist Rumäniendeutscher, und auch Berlins Literaturnobelpreisträgerin Herta Müller verbrachte die ersten 34 Jahre ihres Lebens in Rumänien.

Rumänisches Kulturinstitut Berlin

Das Rumänische Kulturinstitut in Berlin bietet seit 1999 eine Plattform für den kulturellen Austausch zwischen Deutschland und Rumänien. Hier finden regelmäßig Kunst- und Kulturveranstaltungen statt, auch akademische Vortragsreihen sind immer wieder Teil des Programms. Wer sich einen Eindruck von rumänischer Kultur verschaffen möchte, ist hier an der richtigen Adresse.

Reinhardtstraße 14, Mitte, icr.ro

PiaRomaMarkt

Im Piata Romanesca, einem rumänischen Supermarkt an der Ecke Bundesallee/Kundrystraße, bekommt man rumänisches Gebäck, frisches Obst und Gemüse, Wurst- und Fleischwaren und alles, was man für einen rumänischen Kochabend braucht – seien es die Zutaten für die traditionell rumänischen Knödel Bulz oder Mititei, kleine Hackfleischröllchen aus Lamm-, Schweine- und Rindfleisch. Wer sich noch nicht so gut in der rumänischen Küche auskennt, wird im Supermarkt auch bestens vom Personal beraten!

Bundesallee 134, Friedenau

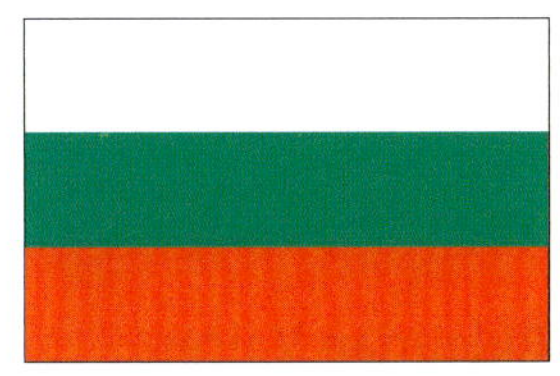

BULGARIEN

Mit 30.000 Menschen bilden die Bulgar*innen die sechstgrößte ausländische Gemeinschaft in Berlin. „Bulgarische Orte" gibt es hier wenige, dafür umso interessantere – etwa den Minimarkt im Wedding.

Bulgarisches Kulturinstitut

Das Bulgarische Kulturinstitut wurde 1962 im Ostteil Berlins, der Hauptstadt der DDR, gegründet, um den Berliner*innen die bulgarische Kultur näher zu bringen. Dazu richtet das Institut Konzerte und Lesungen aus, organisiert Ausstellungen und lädt zu Filmvorführungen ein.

Leipziger Straße 114–115, Mitte, bulgarisches-kulturinstitut.de

Bulgarische Lebensmittel

Es ist ein Gemischtwarenladen, wie er im Buche steht: In dem kleinen Geschäft an der Seestraße im Wedding findet man neben einer großen Auswahl an bulgarischen Lebensmitteln auch frisches Obst und Gemüse, ein paar Kühlregale, unter anderem mit großen Stücken eingelegtem Schafskäse, eine Fleischtheke, die in großen Teilen eine Wursttheke ist, und eine kleine, aber feine Auswahl an bulgarischen Weinen und Spirituosen.

Seestraße 105, Wedding

Bulgarian Voices

Zur sogenannten Chorfamilie der Bulgarian Voices gehören verschiedenen Berliner Chöre, die sich der bulgarischen Musik verschrieben haben: Der Bulgarische Orthodoxe Chor Berlin (BoChor) ist quasi das Urgestein des Vereins und widmet sich ausschließlich bulgarisch-orthodoxen Liedern; das Frauenensemble Bulgarian Voices Berlin singt seit 2009 bulgarische Folklore, und zusammen bilden die beiden Ensembles den Chor BulCanto. Auch ein Kinderchor, Sharena Gayda, gehört zu den Bulgarian Voices.

Die Chorfamilie freut sich immer über neue Mitglieder. Wer möchte, kann gern zu einer „Schnupperprobe" vorbeikommen. Und wer die Musik lieber anhört statt mitzusingen: Der BoChor tritt regelmäßig in Kirchen und sogar in der Philharmonie auf.

Töplerstraße 3, Charlottenburg-Nord,
bulgarianvoices.de

Wir denken zu oft in nationalen Kategorien – und vergessen, dass es zahlreiche Ethnien, Sprachfamilien, Kulturen gibt, die keinen eigenen Staat haben. Selbst in Europa. Wir wollten sie nicht unterschlagen, haben aber in der Regel keine Reiseempfehlungen finden können für die Kulturen z.B. der Samen und der Friesen, der Basken, Korsen und Ladiner, der Goranen, der Torbeschen oder auch der Roma. Nur das ist im Übrigen auch der Grund, warum wir Staaten wie Estland, Lettland oder Litauen, Serbien oder Kroatien, Moldau oder Liechtenstein keine eigenen Kapitel gewidmet haben.

TÜRKEI

Berlin ist die Stadt mit den meisten Türk*innen außerhalb der Türkei. Insbesondere in Kreuzberg und Neukölln reiht sich ein türkisches Geschäft ans nächste – nicht nur Dönerbuden. Türkische Kultur kann man in Berlin in allen möglichen Facetten erleben. Und die Auswahl ist so umfangreich, dass wir uns auf wenige persönliche Tipps beschränken.

Kottbusser Damm und Markt am Maybachufer

Am Kottbusser Damm findet sich eine große Auswahl an türkischen Geschäften. Zwischen den Braut- und Abendmodeläden, Dönerbuden und Kumpir-Läden und dem großen türkischen Supermarkt Bolu kann man sich tatsächlich wie in der Türkei fühlen. Eine Spaziergang bietet sich besonders am Dienstag oder Freitag an, denn dann kann man die Reise mit einem Besuch auf dem Wochenmarkt am Maybachufer ausklingen lassen, auf dem ebenfalls viele türkische Händler einen Stand haben.

Kottbusser Damm, Maybachufer, Kreuzberg/Neukölln

Rüyam Döner

Während sich die Tourist*innen vor Mustafas Dönerbude am U-Bahnhof Mehringdamm die Beine in den Bauch stehen, zieht es immer mehr Berliner*innen für einen richtig guten Gemüsedöner zu Rüyam – und inzwischen sind die Warteschlangen hier oft länger als bei Mustafa. Die „Originalfiliale" findet man an der Hauptstraße in Schöneberg. Der Innenraum ist an Wänden und Decke mit Stickern und Schriftzügen übersät, meist läuft laute Musik. Die Stimmung ist vor und hinter der Theke eigentlich immer gut – trotz der Akkordarbeit auf der einen und der langen Wartezeit auf der anderen Seite. Inzwischen gibt es auch eine Filiale an der Schönhauser Allee; wer das Original probieren möchte, sollte aber einen Ausflug nach Schöneberg machen.

Hauptstraße 133, Schöneberg, rueyam.de

Osmans Töchter

2012 eröffneten Arzu und Lale das Restaurant Osmans Töchter. Inspiriert von der türkischen Kultur, in der das Essen Familie und Freund*innen zusammenbringt, wollten sie hier orientalische Küche bieten. Am besten kommt man zusammen mit Freund*innen, bestellt einmal die Karte rauf und runter und probiert sich durch die kalten und warmen Meze. Vorab aber unbedingt anrufen und einen Platz reservieren, gerade am Wochenende ist der Laden oft voll.

Pappelallee 15, Prenzlauer Berg
osmanstoechter.de

Regenbogen Buchhandlung

„Gökkuşağı Kitapevi" steht groß auf einem Leuchtschild, darunter die deutsche Übersetzung: Regenbogen Buchhandlung. Seit vielen Jahren betreibt Metin Ağaçgözgü seinen unabhängigen Buchladen. Direkt um die Ecke vom U-Bahnhof Kottbusser Tor gibt es türkische Bücher (auch in deutscher Übersetzung), Musik und Filme zu kaufen – und meist sogar einige gebrauchte Artikel, die man schon zu kleinen Preisen bekommt.

Adalbertstraße 3, Kreuzberg, regenbogen-buch.net

Hamam Berlin

Das Türkische Bad ist so etwas wie eine öffentliche Badeanstalt mit Sauna und unterschiedlichen Wärmeräumen – und ein wichtiger Bestandteil der türkischen Kultur. Auch in Berlin gibt es mehrere Hamams, in denen (oftmals streng nach Geschlechtern getrennt) entspannt werden kann. Meist bieten die Bäder neben dem Hamam selbst Massagen und Peelings an. Außerdem gibt es einen Ruheraum und einen Bereich, in dem Çay (türkischer Tee) angeboten wird. Das Hamam Berlin ist ausschließlich Frauen zugänglich. Im Sultan Hamam gibt es darüber hinaus einen Männer- und einen Familientag.

Hamam Berlin: Mariannenstraße 6, Kreuzberg, hamamberlin.de
Sultan Hamam: Bülowstraße 56–57, Schöneberg, sultanhamam.de

Türkische Handschriften

Um die 3.100 Bände in osmanisch-türkischer Sprache befinden sich in der Sammlung orientalischer Handschriften in der Staatsbibliothek zu Berlin. Darunter ist zum Beispiel ein Plan von Istanbul aus dem „Kitab-i Bahriye" (Buch der Seefahrt) vom türkischen Kartografen Piri Reis aus dem 16. Jahrhundert. Um die Handschriften zu sichten, muss man sich vorab in der Staatsbibliothek anmelden.

Potsdamer Straße 33, Tiergarten

ZYPERN

Auch zypriotische Kunst und Kultur ist in Berlin präsent: Im Neuen Museum ist ein Raum ganz der Insel Zypern gewidmet, und immer wieder gibt es Ausstellungen von und mit renommierten zypriotischen Künstler*innen wie Haris Epaminonda.

Sister

2018 gründete die zypriotische Designerin Antonia ihre eigene Marke: Sister. Ihre Mission: die lokale zypriotische Handwerkskunst zu unterstützen. Den Schmuck von Sister fertigen zwei Brüder in einem kleinen zypriotischen Dorf in Handarbeit, die Keramiken stammen von einem Keramikkünstler aus der Nähe der Küstenstadt Limassol. In einem kleinen Geschäft im Schillerkiez kann man sich persönlich beraten lassen – und natürlich die Schmuckstücke erwerben.

Kienitzer Straße 97, Neukölln

Zypern im Museum für Vor- und Frühgeschichte

Ein Saal im Erdgeschoss des Neuen Museums widmet sich ganz der alten Kunst und Kultur Zyperns. Beginnend mit Alltagsgegenständen aus der Bronzezeit über Amphoren der geometrischen Epoche bis hin zu Tellern, Öllämpchen und Schmuckstücken der klassischen, hellenistischen und römischen Zeit – der Besuch hier ist eine kleine Zeitreise durch Zyperns Geschichte.

James-Simon-Galerie, Bodestraße, Mitte, smb.museum

GRIECHENLAND

Die Antikensammlung der Staatlichen Museen ist eine der bedeutendsten Sammlungen griechischer Kunst weltweit, neben dem berühmten Pergamonaltar verfügt sie noch über viele andere Schätze aus dem antiken Griechenland. Aber auch das heutige Griechenland ist in Berlin gut vertreten – insbesondere die griechische Küche.

Museumsinsel

Schon von außen erinnert das Alte Museum an Griechenland. Der berühmte Bau von Karl Friedrich Schinkel mit der Säulenfassade sieht genauso aus, wie man sich einen antiken Tempel vorstellt, und er birgt in seinen Räumen zahlreiche Vasen, Schmuck und Skulpturen aus dem alten Griechenland. Ein Besuch hier lohnt sich also gleich doppelt. Direkt hinter dem Alten Museum findet man im Neuen Museum einen weiteren großen Teil der Antikensammlung, und den dritten Part gibt es direkt um die Ecke im Pergamonmuseum. Hier steht auch der berühmte Pergamonaltar – 35 Meter breit, 22 Meter tief –, dessen Sockel mit Reliefs verziert ist, die griechische Sagen erzählen. Er stammt aus dem antiken Pergamon, heute Bergama in der Türkei.

smb.museum

Abguss-Sammlung

Der Besuch dieses kaum bekannten Museums spart eine Menge Reisekosten. Denn es versammelt Gipsabgüsse bedeutender Plastiken, deren (nicht nur griechische) Originale über die großen Museen in aller Welt verstreut sind. Es ist eine Studiensammlung, deren Ordnung sich dem Laien nicht sofort erschließt. Doch gerade das macht den Reiz aus: Man wird zum Entdecker; nach und nach wird die Entwicklung des Menschenbildes in der Antike vom 3. Jahrtausend v. Chr. bis etwa 500 n. Chr. deutlich.

Schloßstraße 69b, Charlottenburg, abguss-sammlung-berlin.de

Griechischer Supermarkt Ariston

Im Schöneberger Kiez rund um den Bayerischen Platz ist der Ariston bekannt, über dem Eingang begrüßt der Schriftzug „Ελληνικό σούπερμάρκετ", also Griechischer Supermarkt, die Kund*innen. Drinnen selbst sieht es aus wie in einem typisch deutschen Supermarkt – nur dass hier eben nicht nur das Olivenöl und der Schafskäse aus Griechenland kommen. Wer echte griechische Produkte sucht, wird hier garantiert fündig!

Meraner Straße 19, Schöneberg

TEE·SALON·IKI

Kräuter, Tees und Honig gibt es in diesem kleinen Laden im Kreuzberger Gräfekiez – alles „griechischer Phase". Die Produkte kann man direkt zum Mitnehmen kaufen, oder man macht es sich mit einem Tee und einem Stück selbstgebackenem Kuchen im Nebenraum gemütlich. Ein schöner Ort für ruhige Stunden im trubeligen Kiez.

Böckhstraße 50, Kreuzberg, teesaloniki.de

Balkan

ZZ-Balkanshop

Auf knapp 200 Quadratmetern findet man im Balkanshop schon seit über 20 Jahren eine große Auswahl an Spezialitäten aus dem Balkanraum. Das Team um Željko Zdjelar legt Wert auf frische Produkte und einen guten Service – auch wer mit der Balkanküche noch nicht vertraut ist, kann sich also ausführlich beraten lassen!

Germaniastraße 22–26, Tempelhof, zz-balkanshop.de

BalkanBeats Project

Im Jahr 1993 gründete Robert Šoko das BalkanBeats Project, um Musik aus dem Balkan nach Berlin zu bringen. Seitdem organisiert er Events mit traditioneller Musik und mit Remixes, zum Beispiel im Rahmen von Clubabenden im Lido. Inzwischen gehören auch ein Label und eine Produktionsfirma zu den BalkanBeats.

balkanbeats.eu

Balkan-Bäckerei Grill Aroma

Balkan-Restaurants und -Grills gibt es in Berlin viele, Balkan-Bäckereien dagegen findet man nur vereinzelt. Als besonders authentisch gilt der eher unscheinbare Laden Grill Aroma an der Frankfurter Allee: Hier gibt es neben vielen Süßspeisen auch Pita, Burek und Ćevapčići. Wer etwas vom Grill bestellt, sollte es allerdings nicht eilig haben – denn das Fleisch wird immer frisch zubereitet.

Niederbarnimstraße 26, Friedrichshain

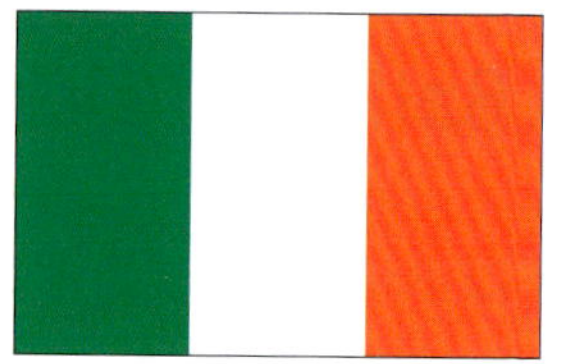

ITALIEN

Während sich Münchner*innen gern mal für ein paar Stunden in den Zug oder ins Auto setzen, um einen Kurztrip nach Mailand oder Venedig zu machen, ist es von Berlin aus doch eine ganz schöne Strecke nach Italien. Also lieber gleich innerhalb der Stadt etwas mediterranes Flair finden. Das fällt nicht schwer bei über 35.000 Italiener*innen – und noch viel mehr Deutschen mit italienischen Wurzeln – in Berlin. Auf Empfehlungen durch den Dschungel der Berliner Pizzerien- und Trattorien-, Espresso- und Eisdielenlandschaft verzichten wir hier – dann würde das Buch doppelt so dick.

Dante Connection

Die „Dantedamen", so nennt sich das Team von der Buchhandlung Dante Connection. Sie alle haben einen literatur- oder kunstwissenschaftlichen Hintergrund – und sie alle sprechen Italienisch. Der Laden wurde schon in den 80er-Jahren als deutsch-italienisches Projekt gegründet, seit 1994 führt Stefanie Hetze das Geschäft. In der Dante Connection findet man neben der großen italienischen Abteilung auch deutsche Romane und Kinderliteratur.

Oranienstraße 165a, Kreuzberg, danteconnection.de

Agostino Iacurci

Dass die Region Apulien mehr zu bieten hat als türkises Wasser, Strand und traumhafte Landschaften, beweist sie mit ihrer Kampagne „We are creative in Puglia". Im Rahmen dieses Projekts sind bereits Wandbilder in Mexiko, der Schweiz, Indien und England entstanden – und in Berlin. Als Geschenk zum 25-jährigen Jubiläum der Wiedervereinigung gestaltete der Muralist Agostino Iacurci 2015 eine Wand am Moritzplatz, in der Nähe des ehemaligen Grenzübergangs Heinrich-Heine-Straße. In farbenfrohem, geometrischem Stil zeigt das Wandbild zwei Gesichter, die einander anschauen. Dazwischen ein Olivenbaum, der die Brücke zwischen dem urbanen Charakter Berlins und der Natur Apuliens schlägt.

Prinzenstraße 35, Kreuzberg

Centro Italia

Über 200 Sorten Pasta, 100 Sorten Biscotti, 150 verschiedene Antipasti: Das Centro Italia importiert seit 1968 italienische Lebensmittel nach Berlin, eröffnete Ende der 90er-Jahre einen ersten Laden und hat heute Standorte in Charlottenburg, Marienfelde und im Prenzlauer Berg. Hier kann man sich perfekt für einen echten italienischen Kochabend eindecken!

Sophie-Charlotten-Straße 9–10, Charlottenburg
Greifswalder Straße 80c, Prenzlauer Berg
Großbeerenstraße 169–171, Marienfelde

Berlin Ice Cream Week

Einmal im Jahr feiert das Netzwerk True Italian die authentisch italienischen Eisdielen in der Stadt mit der Berlin Ice Cream Week. Von Artigiani im Südwesten bis zu Il Buon Gelato Marcon in Karow sind über 40 Eisläden dabei und bieten in dieser Woche jeweils eine besondere, experimentelle Sorte für nur 1,50 Euro pro Kugel an. Verschiedenste Geschmacksrichtungen waren schon dabei, von Pizza marinara über Kaiserschmarrn bis zu Peanut Curry. So kann man wunderbar ungewöhnliche Sorten probieren und dabei gleich neue italienische Eisläden entdecken.

true-italian.com/events/berlin-ice-cream-week

Italienischer Renaissancegarten

Wenn man durch das große Holztor in den Giardino della Bobolina tritt, fühlt man sich gleich wie in einer anderen Welt: eine Loggia mit den mediterran anmutenden Sandsteinsäulen, ein Springbrunnen inmitten von Buchshecken, Zitronenbäume ringsherum. Eine kleine Treppe führt sogar in einen geheimen zweiten Garten, den Giardino segreto. Hier steht eine Kopie der römischen Bronzestatue Idolino aus dem Archäologischen Museum in Florenz.

Blumberger Damm 44, Marzahn,
gaertenderwelt.de/welt-entdecken

Paranza del Tempelhofer Feld

„Paranza", so nennt man rund um Neapel eine Gruppe, die gemeinsam Musik macht, tanzt und Feste feiert. Danach wurde die Werkstatt auf dem Tempelhofer Feld benannt. Von Mai bis September findet hier jeden Donnerstagabend ein Musik- und Tanztreffen mit süditalienischer Volksmusik statt – offen für alle, die Lust haben.

Tempelhofer Damm, Tempelhof,
kulturgate.de/actions/paranza-thf-tarantella

Zum Mitterhofer

Südtirol, das fühlt sich für viele deutsche Urlauber*innen vermutlich mehr nach Österreich als nach Italien an. Kulinarische Spezialitäten aus Südtirol bekommt man in Berlin im Wirtshaus Zum Mitterhofer. Auf der Karte stehen unter anderem Herrengröstl (eine Art Bratkartoffelpfanne mit Fleisch), Tafelspitz mit Kren und diverse Knödelsorten – und die gelten als die besten der Stadt!

Fichtestraße 1, Kreuzberg, wirtshaus-zum-mitterhofer.com

Italienisches Kulturinstitut

Steht man im Innenhof der italienischen Botschaft, wähnt man sich in Italien: Der hellrosa Anstrich, die steinernen Rundbögen und die Säulengänge wirken typisch italienisch – allerdings nazi-typisch monumental überhöht, der Bau entstand 1938–43. Das Gebäude beherbergt auch das Italienische Kulturinstitut, das Istituto Italiano di Cultura di Berlino, das zahlreiche Veranstaltungen zu Kultur und Wissenschaft anbietet. Es gibt Programme wie Writers in Residence, Spezialangebote für Kinder und Jugendliche, Italienischkurse, die von Muttersprachler*innen angeboten werden, und vieles mehr.

iicberlino.esteri.it/de

Erste Anlaufstelle, um Informationen über ein Land zu erhalten, ist meist die Botschaft. Auf Wikipedia findet man eine Liste aller 195 Staaten, mit denen die Bundesrepublik Deutschland diplomatische Beziehungen unterhält. Nur 159 Staaten sind auch mit einer Botschaft ein Berlin vertreten. Für die übrigen Staaten sind meist die Botschaften in Brüssel und London zuständig, je eine auch in Wien bzw. Paris. Und für den diplomatischen Kontakt zu den Marschallinseln und zu Mikronesien sind deren Botschaften in Washington zuständig! Klingt kurios, aber die US-Hauptstadt ist immerhin nur halb so weit entfernt wie Ozeanien.

ÖSTERREICH

Eigentlich sind Deutschland und Österreich gar nicht so unterschiedlich, oder? Doch wenn man nur ein bisschen genauer hinsieht, entdeckt man manches, was „typisch österreichisch" ist. Und das kann man auch in Berlin erleben.

Alpen im Botanischen Garten

Im „echten" Österreich erstrecken sich die Nördlichen Kalkalpen über 500 Kilometer von der Liechtensteiner Grenze bis nach Wien. Statt die beschwerliche Anreise ins Gebirge auf sich zu nehmen, kann man die alpine Flora auch auf den bequemen Spazierwegen im Botanischen Garten erkunden. Die Pflanzen der Alpen verteilen sich über mehrere Bereiche, die alle unweit des Eingangs am Königin-Luise-Platz liegen.

Königin-Luise-Straße 6–8, Lichterfelde

Kaffeemanufaktur

Kaffee genießen in den eigenen vier Wänden, als säße man in einem Wiener Kaffeehaus? Da helfen die Andraschkos. Seit 1979 sind Willy und Elisabeth Andraschko „auf dem Weg zur perfekten Tasse" – in der festen Überzeugung, dass Kaffee „niemals gut genug" sein kann. Schon in ihrer Jugend wurden sie geprägt von der Kaffeehauskultur im heimischen Wien, und als sie nach Berlin zogen, merkten sie: Da konnte die Berliner Kaffeekultur nicht mithalten. So gründeten die Andraschkos ein Kaffeehaus. Heute konzentrieren sie sich auf ihre Kaffeemanufaktur. Ein besonderes Highlight für alle Österreich- und Kaffeeliebhaber*innen ist dabei natürlich die „Wiener Kaffeehausmischung".

andraschkokaffee.com

Wiener Conditorei

Als die Eltern ihn auf Europareise schickten, um bei den besten Konditoren zu lernen, war Manfred Otte mit Leidenschaft dabei. 1965 kehrte er nach Berlin zurück – und eröffnete im Westend das Wiener Conditorei Caffeehaus. Gemeinsam mit seinen Eltern machte er es sich zur Mission, Kaffeehaus-Kultur Wiener Art in Berlin zu verbreiten und zu pflegen. 1980 eröffneten sie das Wiener Caffeehaus am Roseneck, in den 90ern bauten sie das Operncafé Unter den Linden zu einem „Grand Café" um. Heute gibt es in Berlin vier Wiener Conditorei Caffeehäuser, die noch immer als Familienunternehmen betrieben werden – inzwischen in der vierten Generation.

Reichsstraße 81, Westend
Hohenzollerndamm 92, Schmargendorf
Hagenplatz 3 (am Roseneck), Grunewald
Clayallee 175, Dahlem

Restaurant Austria

Das Austria ist eine Berliner Institution – mit österreichischen Speisen und Weinen auf der Karte. Von Zillertaler Wurstspezialitäten über Tiroler Graukassspatzln bis hin zu echtem (!) Wiener Schnitzel – hier kann man sich quer durch Österreich schlemmen und dabei die gemütliche Gaststubenatmosphäre genießen.

Bergmannstraße 30, Kreuzberg, austria-berlin.de

Feines aus Österreich

2002 gründete Iris Holborn mitten in Charlottenburg den Laden Feines aus Österreich. Neben dem berühmten „Meinl-Kaffee", dessen Leuchtreklame gleich neben dem Ladenschild hängt, gibt es Jausenwurst, Wildblütenkäse, Mozartkugeln und vieles mehr zu kaufen. Außerdem bietet das Lädchen zum Mittag „hausgemachte Schmankerl" – Reservierungen werden gern vorab per Telefon entgegengenommen.

Leonhardtstraße 11, Charlottenburg, feinesausoesterreich.de

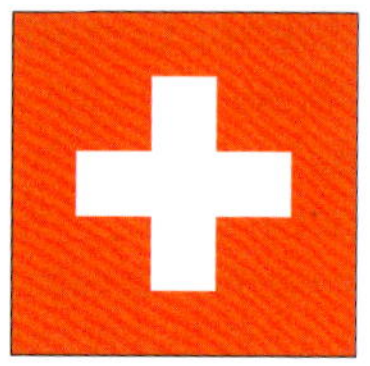

SCHWEIZ

Hellblaue Bergseen oder schneebedeckte Gebirge hat Berlin nicht zu bieten. Aber ein paar Schweizer Spezialitäten haben es doch in die deutsche Hauptstadt geschafft – darunter natürlich Käse, zum Beispiel fürs Fondue, und Schokolade.

Châlet Suisse

In einem Holzhaus im Wald am Kamin sitzen und mit Familie und Freund*innen Käsefondue genießen – das geht auch im Grunewald! Das Châlet Suisse bietet unter anderem Schweizer Küche in gemütlicher Atmosphäre, entweder à la carte oder, zum Beispiel beim Fondue, als „Event". Ein etwas größeres Budget sollte man auf jeden Fall einplanen, ein Besuch lohnt sich dafür sehr – am besten im Winter einen Schneespaziergang durch den Grunewald machen und danach hier einkehren.

Clayallee 99, Im Jagen 5, Dahlem, chalet-suisse.de

Chuchichäschtli

Nicht-Schweizer*innen scheitern vermutlich an der Aussprache des Namens – aber auch das deutsche Äquivalent ist ein kleiner Zungenbrecher: Ein „Chuchichäschtli" ist ein Küchenschränkchen. Dass es in dem kleinen Laden an der Holsteinischen Straße „alles aus der Schweiz" gibt, erkennt man schon aus der Entfernung: Eine Girlande aus kleinen Schweizer Fähnchen hängt neben einer großen Flagge, die Stühle vor dem Schaufenster sind in Rot-Weiß gehalten. Angeboten werden neben Schokolade und Käse auch viele unbekanntere (aber genauso gute!) Schweizer Spezialitäten.

Holsteinische Straße 19, Wilmersdorf, chuchichaeschtli.de

Peppikäse

„Rohmilchkäse rockt!", heißt es bei Peppikäse. Der kleine Laden hat, Überraschung, eine große Auswahl an Rohmilchkäse im Angebot – darunter auch Schweizer Spezialitäten. Käse für Fondue oder Raclette bekommt man hier, teilweise auf Bestellung, und sogar passende Weine und Hochprozentiges.

Weichselstraße 65, Neukölln, peppikaese.de

Läderach

Ausschließlich in der Schweiz und nur mit den besten Zutaten hergestellt – das ist der Anspruch vom „chocolatier suisse" Läderach. Die Produkte kosten dementsprechend ein Vielfaches der Supermarktschokoladentafel, sind aber auch wirklich etwas Besonderes. Wer sich einmal durchprobieren möchte: am besten einfach direkt an der Theke kleine Mengen der „FrischSchoggi" einpacken lassen – und danach die Favoriten im Päckchen kaufen.

Friedrichstraße 181, Mitte
Tauentzienstraße 4, Schöneberg
KaDeWe, Tauentzienstraße 21–24, Schöneberg
laderach.com

FRANKREICH

Über 20.000 französische Staatsbürger*innen leben in Berlin – und noch viel mehr Frankophile. Berlin hat so viele französische Orte zu bieten, dass man hier einen ganzen Tag wie in Paris verbringen könnte: Croissant-Frühstück in der Patisserie, ein Einkaufsbummel in den Galeries Lafayette, eine Partie Boule am Nachmittag und ein abendlicher Besuch im Cinema Paris. Und für die Werke französischer Künstler*innen in den Berliner Museen könnte man gleich ein paar Tage einplanen. Wer es noch französischer will: In den ehemaligen Wohnsiedlungen der französischen Streitkräfte in Reinickendorf und Wittenau stehen noch immer klassisch blau-weiße Straßenschilder mit französischen Namen.

Centre Français Berlin

Nur wenige wissen, dass nicht nur Paris und Las Vegas einen Eiffelturm haben, sondern auch Berlin – normalerweise. 32 Jahre stand er vor dem Centre Français im Wedding – natürlich mit einer Frankreichflagge auf der Spitze. Anfang 2023 musste der 14 Meter hohe Turm aus Holz (!), weil marode geworden, abgerissen werden, jetzt wird in einer Crowdfunding-Kampagne Geld für den Wiederaufbau gesammelt. Das Institut ist aber sowieso mehr als nur ein schöner Fotospot: Es unterstützt junge Menschen bei Austauschprogrammen, organisiert Veranstaltungen und Projekte über das hauseigene Kulturbüro, vernetzt den Kiez im Gemeinschaftsgarten und stellt Räumlichkeiten unter anderem für Fortbildungen zur Verfügung. Die Liste der Aktivitäten des CFB ist lang und das Programm divers. Frankophile Menschen können sich hier vernetzen, insbesondere für Kinder, Jugendliche und junge Erwachsene ist das Angebot groß.

Müllerstraße 74, Wedding, centre-francais.de

Cinema Paris und Brasserie le Paris

Das Cinema Paris nennt sich selbst „eine der erlesensten Kinoadressen für Frankophile und Filmfans". 1950 im heute denkmalgeschützten Maison de France eröffnet, wird es seit 1994 von der Yorck-Kinogruppe betrieben. Bis heute liegt der Fokus des Programms auf anspruchsvollen europäischen und insbesondere natürlich auf französischen Produktionen. Ganz besonders lohnt sich ein Besuch während der Französischen Filmwoche: Als Gastgeber veranstaltet das Cinema Paris dann die Deutschlandpremieren von französischen und frankophonen Filmen. Idealerweise reserviert man gleich noch einen Tisch in der Brasserie le Paris nebenan – sie bietet authentisch französische Küche.

Kurfürstendamm 211, Charlottenburg, yorck.de/kinos/cinema-paris

Galeries Lafayette

Es ist ein beliebter Anlaufpunkt für Paris-Tourist*innen: das Jugendstilstammhaus der Galeries Lafayette mit der großen Dachterrasse hoch über dem Boulevard Haussmann. Aber auch die Berliner Dependance kann sich sehen lassen: Der Bau mit der großen geschwungenen Glasfassade an der Friedrichstraße wurde in den 90er-Jahren nach Plänen des französischen Star-Architekten Jean Nouvel errichtet. Französisches Lebensgefühl verströmt vor allem das Untergeschoss – denn im Lafayette Gourmet, der Feinschmecker-Abteilung, findet man viele französische Delikatessen. Auch wer französischsprachige Literatur sucht, wird hier im hauseigenen Buchladen fündig. Noch – das Kaufhaus soll demnächst geschlossen werden.

Friedrichstraße 76–78, Mitte, galerieslafayette.de

Les Pâtisseries de Sébastien

Die Speisekarte liest sich wie die eines Pariser Cafés: Croissants, Brioche, Pain au Chocolat, Madeleines, Baguettes und natürlich Café au lait. Wer in Berlin ein authentisches französisches Frühstück genießen möchte, ist in dieser kleinen Patisserie genau richtig. Der Kaffee schmeckt gut, und das Gebäck ist nicht nur lecker, sondern auch garantiert immer hausgemacht.

Invalidenstraße 157, Mitte

Boule spielen

Ob im Mauerpark an der Max-Schmeling-Halle, am Paul-Lincke-Ufer in Kreuzberg, auf dem Rüdesheimer Platz in Wilmersdorf oder am Tegeler Hafen: In Berlin gibt es in so ziemlich jedem Bezirk Boulebahnen oder einfach nur Orte, die sich bei Bouleliebhaber*innen als „Spielplatz" etabliert haben. Die schönste (und auch am französischsten anmutende) Kulisse hat man aber auf der Charlottenburger Schloßstraße: Auf dem Kiesweg treffen sich schon seit Jahrzehnten erfahrene Boulespieler*innen und schieben, mit Blick auf das Schloss Charlottenburg am Ende des begrünten Mittelstreifens, eine ruhige Kugel.

Schloßstraße, Charlottenburg

Thierry Noirs bunte Köpfe an der East Side Gallery

Astronaut/Kosmonaut und Thierry Noirs Mauerbilder

In Berlin ist er eine lokale Berühmtheit: der Astronaut/Kosmonaut, der gesichtslos und in voller Weltraumfahrt-Montur über Kreuzberg schwebt. Die wenigsten wissen vermutlich, dass das Wandbild aus französischer Hand stammt. 2007 gestaltete es der Pariser Street-Art-Künstler Victor Ash, der mit diesem Motiv auf die Rolle Berlins während des Kalten Krieges anspielt. Der Weltraumfahrer – amerikanisch: Astronaut, russisch: Kosmonaut – steht dabei als Symbol für das Wettrüsten zwischen der Sowjetunion und den USA. Nicht zufällig befindet sich das Wandbild in Kreuzberg nahe dem ehemaligen Mauer-Verlauf. Auf der anderen Seite der Spree findet sich gleich das nächste Kunstwerk eines Franzosen: Thierry Noir, der schon 1984 begann, die Berliner Mauer zu bemalen, gestaltete einen prominenten Teil der East Side Gallery mit seinen bunten Köpfen.

Astronaut/Kosmonaut: Oranienstraße 195, Kreuzberg
East Side Gallery: Mühlenstraße 3–100, Friedrichshain

La Cantine d'Augusta

Feinkost und Wein aus Frankreich gibt's in der Cantine d'Augusta in Schöneberg. Neben dem umfangreichen Weinsortiment beeindruckt in der Frischetheke die große Käseauswahl – die Cantine ist „offizieller Lieferant für Käse" der französischen Botschaft. Tagsüber kann man es sich in und vor dem Laden mit einem Kaffee gemütlich machen, abends hat die Cantine dann auch Käse- und Antipastiplatten sowie eine kleine Auswahl an warmen Gerichten (Fondue und Raclette, versteht sich!) im Angebot. Wer sich vorab schon mal einen Eindruck vom Angebot verschaffen möchte, sollte bei einer der Wein- und Käseverkostungen vorbeischauen.

Langenscheidtstraße 6/6a, Schöneberg, lacantinedaugusta.com

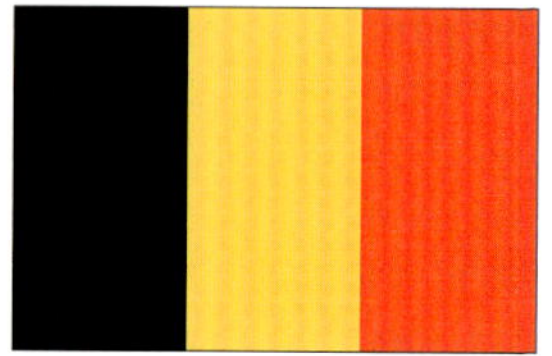

BELGIEN

Belgische Kultur in Berlin, das sind regelmäßige Auftritte belgischer Künstler*innen (die der Flamen findet man unter kulturausflandern.de/veranstaltungen), aber auch kulinarische Highlights: Pommes frites und Waffeln, Bier in allerlei skurrilen Variationen und exquisite Pralinen.

Belgisches Bier im Bierladen

Das belgische Bier ist legendär, die Zahl der Sorten unüberschaubar. Vor allem dürfen belgische Brauereien vieles brauen, was das deutsche Reinheitsgebot untersagt, zum Beispiel Kirsch- oder Pfirsichbier. Duvel und Oude Geuze Boon, La Trappe Tripel oder ein spontan gegorenes Lambic findet man hierzulande nicht einfach im Supermarkt. Dafür aber im Bierladen! Vor dem Kauf kann man sich an der kleinen Bar auch quer durch die belgische Bierlandschaft hindurchprobieren.

Kreuzbergstraße 78, Kreuzberg, bierladen-berlin.de

Neuhaus Berlin

Um seinen Patient*innen seine Medikamente schmackhaft zu machen, überzog der Brüsseler Apotheker Jean Neuhaus sie mit Schokolade. 1912 kam sein Enkel Jean Neuhaus Junior auf die Idee, die heilsame gegen eine leckere Füllung auszutauschen – und erfand so die belgische Praline! Inzwischen gibt es viele belgische Chocolatiers, etwa Leonidas, doch Neuhaus genießt bis heute einen ganz besonderen Ruf. Dass der gerechtfertigt ist, davon kann man sich im Geschäft an der Friedrichstraße überzeugen. Hier können kleine und große Geschenkboxen erworben oder Mischungen an der Pralinentheke individuell zusammengestellt werden.

Friedrichstraße 63, Mitte, neuhauschocolates.com

NIEDERLANDE

Ein Tagesausflug nach Holland – das geht auch von Berlin aus! Seit Kurzem gibt es hier einen Hollandpark, der Groß und Klein die niederländische Kultur nahebringt. Die ist der deutschen eng verwandt und in Berlin schon lange präsent, etwa in der Kunst. Die Werke niederländischer Künstler*innen lassen sich auf klassischem Wege in der Gemäldegalerie entdecken – aber auch in Form von Street Art auf Berlins Straßen.

Gemäldegalerie

Er war ein Besuchermagnet wie die Nofretete und fast so berühmt wie die Mona Lisa: „Der Mann mit dem Goldhelm" des niederländischen Malers Rembrandt, das Highlight unter vielen berühmten Bildern in der Berliner Gemäldegalerie. Dann entdeckten Kunsthistoriker, dass nicht der Meister selbst, sondern ein Schüler das Bild gemalt hat – und flugs verschwand das unbestritten meisterhafte Werk in einer Ecke im Museumskeller (wo man es heute noch bewundern kann, nur weiß das kaum jemand). Aber noch immer verfügt die Gemäldegalerie über eine exquisite Sammlung flämischer und niederländischer Meisterwerke, etwa Vermeers „Junge Dame mit Perlenhalsband" oder die „Malle Babbe" von Frans Hals. Rembrandt ist sogar ein ganzer Saal gewidmet, in dem 20 seiner Arbeiten ausgestellt sind. Auf einem Rundgang durch die über 70 Ausstellungssäle kann man viele Werke niederländischer Meister entdecken. Van Gogh allerdings hängt in der Neuen Nationalgalerie.

Matthäikirchplatz, Tiergarten, smb.museum

Holland-Park

Keine fünf Kilometer hinter dem nordöstlichen Stadtrand, in Panketal, liegt der nagelneue Holland-Park – ein echt niederländisches Familienunternehmen. Erst 2022 nach zehn Jahren Planung eröffnet, hat er viel zu bieten: einen Rutschenturm, mehrere Spielplätze, eine Indoor-Spiel- und Kletterhalle, ein Erlebnishaus mit Tieren und vieles mehr. Nicht fehlen dürfen natürlich eine Mühle nebst Mühlen- und Holzschuhmuseum, ein „Koffie Shop", eine „Friethoek" sowie ein großes Gartencenter – stilecht mit Tulpen. Perfekt für einen Besuch mit der ganzen Familie! 365 Tage im Jahr!

Dorfstraße 30, Panketal, hollandpark.de

The Starling

Die beiden Künstler und Muralisten Collin van der Sluijs und Super A haben schon einige Kunstwerke in den Straßen ihrer niederländischen Heimat hinterlassen. Als Teil des One Wall Projekts von Urban Nation brachten sie 2016 auch ein Werk nach Berlin: einen leuchtend blauen Star, der mit erhobenem Kopf an einer riesigen Hauswand in der Plattenbausiedlung am Tegeler See sitzt. Die vielen bunten Blumen und Perlen, die den Bauch des Vogels überziehen, stehen für die Vielfalt der Stadt. Der Star steht als Symbol dafür, was eine Gesellschaft bewirken kann, wenn sie zusammenarbeitet – denn Stare sind bekanntlich sicherer vor Feinden, wenn sie im Schwarm unterwegs sind.

Neheimer Straße 6, Tegel

Holländisches Viertel in Potsdam

Knapp 150 Backsteinhäuser im holländischen Stil bilden das Holländische Viertel in Potsdam. Zwischen 1734 und 1742 wurden die Häuser für holländische Handwerker gebaut, die unter Friedrich Wilhelm I. in Potsdam arbeiteten – entworfen selbstverständlich von einem niederländischen Architekten, Jan Bouman aus Amsterdam. Das Bild prägen vor allem giebelständige Häuser, wie es sie etwa in Amsterdam, Utrecht oder Den Haag gibt. Nachdem zu DDR-Zeiten ein großer Teil der Häuser verfallen war, wurde das Viertel Anfang der 90er-Jahre saniert und ist heute wieder ein beliebtes Wohnviertel – und dank der vielen kleinen Läden auch ein Besuchermagnet.

Holländisches Viertel, Potsdam

Dass die Flaggen hier so unterschiedliche Formate und Größen haben, ist übrigens kein Layout-Fehler. Es gibt kein internationales Standard-Format für Flaggen. Das Seitenverhältnis beträgt bei Australien und Nigeria z.B. 1:2, bei Italien und Kamerun 2:3, bei Deutschland und Großbritannien 3:5, bei Argentinien 9:14, bei den USA 10:19. Und die Schweizer Flagge ist quadratisch.

GROSSBRITANNIEN

England, Schottland, Wales und Nordirland – während aus den beiden letzteren in Berlin kaum etwas zu finden ist, gibt es Englisches und Schottisches umso mehr zu entdecken: Von Theater, Literatur über Cricket und einen persönlich von Königin Elisabeth II. gepflanzten Baum bis hin zu Fish & Chips und schottischem Whisky ist alles dabei.

British Council

Sie nennt sich „Großbritanniens internationale Organisation für Kulturbeziehungen und Bildungschancen" – der British Council. Die gemeinnützige Einrichtung bietet Fortbildungen für Englischlehrkräfte, Sprachkurse, Literaturseminare, vergibt Stipendien und Poesiepreise, unterstützt naturwissenschaftliche Forschungsprojekte und vieles mehr. Wer sich für britische Kultur interessiert oder einen Ort zum Vernetzen sucht, sollte sich auf der Homepage des British Council umsehen.

Alexanderplatz 1, Mitte, britishcouncil.de

English Theatre Berlin

Das English Theatre hält, was sein Name verspricht: Hier werden ausschließlich englischsprachige Stücke aufgeführt und Performances in Englisch auf die Bühne gebracht: von „Bowie in Berlin" bis zu „The Trojan Women". Bei der „Expat Expo (A Showcase of Wahlberliner)" präsentieren englischsprachige Künstler*innen ihre aktuellen Arbeiten. Bereits 1990 gegründet, ist das Theater in einem idyllischen Künstlerhof, einem alten Gewerbehof, untergebracht. Hier hat übrigens auch das Theater Tikwa seine Räume, das bekannteste deutsche Theater, in dem Menschen mit und ohne Behinderung gemeinsam Stücke erarbeiten.

Fidicinstraße 40, Kreuzberg, etberlin.de

Englischer Garten

Über 5.000 Pflanzen spendeten die britische Bevölkerung und das britische Königshaus nach dem Zweiten Weltkrieg, um den Tiergarten neu zu begrünen – denn der war zu diesem Zeitpunkt so gut wie kahl. Erst hatten Luftangriffe den Park beschädigt, dann hatten die Berliner*innen in der Nachkriegszeit Bäume zu Feuerholz geschlagen und auf den Freiflächen Gemüse und Kartoffeln angebaut. 1952 wurde ein Teils des Parks von Schloss Bellevue abgetrennt, erneut mit britischen Gehölzspenden begrünt und als Englischer Garten eröffnet. Sein Aufbau erinnert, nicht zuletzt aufgrund der akribisch beschnittenen Hecken, tatsächlich an einen Garten in England. Königin Elisabeth II. besuchte den Park 1965 und pflanzte sogar eine Eiche aus Windsor. Bei einem Spaziergang kann man sich also ein bisschen nach England träumen, auf den Wegen der Queen wandeln und danach im Teehaus stilvoll einen Earl Grey genießen.

Altonaer Straße 2, Tiergarten, das-teehaus.jimdo.com

Fish & Chips im Fischladen

Stilecht auf einer englischen Zeitung serviert Der Fischladen seine Fish & Chips: Pommes mit Fischfilets in Backteig, nach Wahl traditionell mit Kabeljau oder auch mit Wels, Scholle oder Rotbarsch – natürlich alles Frischfisch, wie es sich für ein gutes Fischrestaurant gehört. Wer etwas original Englisches mit Berliner Touch probieren möchte, dem sei „Berlin Fish & Chips" empfohlen, eine Mischung aus Fish & Chips und Berliner Currywurst.

Schönhauser Allee 128, Prenzlauer Berg, derfischladen.com

St. George's English Bookshop

Englischsprachige Bücher gibt es in Berlin inzwischen in fast allen Buchhandlungen. Aber wer etwas Besonderes sucht, sollte unbedingt bei Saint George vorbeischauen. Was auf den ersten Blick wie ein kleiner Laden wirkt, erstreckt sich über mehrere Räume in die Tiefe und bietet die größte Auswahl englischsprachiger Bücher in ganz Berlin. Die großen Holzregale reichen bis unter die stuckverzierte Decke, für die oberen Regalfächer stehen Leitern bereit. Das Sortiment besteht aus sorgfältig ausgewählten neuen und alten Werken – und Second-Hand-Bücher bekommt man auch schon für kleines Geld.

Wörther Straße 27, Prenzlauer Berg,
saintgeorgesbookshop.com

Cricket

Es gibt wohl kaum eine Sportart, die so britisch ist wie Cricket. Ein Vorläuferspiel entstand schon um 1300 in Kent, seit dem 18. Jahrhundert wird Cricket so gespielt, wie man es heute – als eine Art Nationalsport der englischen High Society – kennt. Inzwischen gibt es weltweit und somit

natürlich auch in Berlin diverse Cricket-Vereine, die üblicherweise offen für neue Mitglieder sind. Einen Eindruck vom Sport kann man sich bei den CricketDays des Deutschen Cricket Bundes machen, die einmal jährlich mit verschiedenen Events in ganz Deutschland stattfinden.

cricket.de

Loch Ness Pub

Neben den Dutzenden Irish Pubs sind die schottischen Läden in Berlin deutlich in der Unterzahl. Wer einen Pub mit echt schottischem Flair sucht, wird trotzdem fündig – in Lichterfelde. Hier bekommt man nicht nur schottischen Haggis (ein mit Innereien gefüllter Schafmagen), sondern kann sich auch durch eine reiche Auswahl an schottischen Ales und sage und schreibe über 800 Whiskys trinken. Einen Überblick verschafft man sich am besten bei einem der Whisky-Tastings – die finden hier regelmäßig in gemütlicher Runde statt.

Roonstraße 31a, Lichterfelde, loch-ness-pub.de

Highland Games

Baumstammwerfen, Steinkugelheben, 200-Kilo-Fass-Rollen: Die Highland Games haben so einige skurrile Wettkämpfe zu bieten. Traditionell eine Veranstaltung schottischer Clans in den Highlands, den nordwestlichen Gebieten des Landes, werden die Spiele heute von Schott*innen und Schottlandbegeisterten überall auf der Welt veranstaltet – natürlich auch in Berlin. Die Highland Games finden hier jedes Jahr im Juli in den Gärten der Welt statt.

Blumberger Damm 44, gaertenderwelt.de/events

IRLAND

Folk-Musik, Guinness-Bier und Alles-in-Grün zum St. Patrick's Day – das kommt vermutlich vielen beim Stichwort Irland in den Sinn. Den heiligen Patrick feiert man inzwischen auch in Berlin. Und auch sonst bieten sich auf unserer Weltreise durch Berlin einige irische Stationen an.

Irish Folk Festival

Seit den 70er-Jahren touren Folk-Musiker*innen im Rahmen des Irish Folk Festivals im Oktober und November durch Deutschland, die Schweiz und die Benelux-Länder. Ob Singer/Songwriter oder Band – die Liste derer, die auf dem Festival über die Jahre aufgetreten sind, ist lang. Auf der Tour wird Berlin (und dem Berliner Umland) meist mindestens ein Besuch abgestattet. Nähere Informationen zum Programm sind schon frühzeitig auf der Webseite zu finden.

irishfolkfestival.de

Irish Dance

Mindestens genauso wichtig wie die Musik ist den Ir*innen der Tanz. Zum Irish Dance gehören unterschiedliche Volkstänze, die üblicherweise in Paaren oder in Gruppen getanzt werden. Auch in Berlin kann man diese Tänze lernen – zum Beispiel in der Urban Beat Academy im Wedding oder bei den Donegals, die sich beide ganz dem Irish Dance verschrieben haben. Wer sich das Ganze lieber erst einmal anschauen möchte, sollte bei der Irish Beats Dance Company vorbeischauen. Das Ensemble tritt seit 2011 bei unterschiedlichen Events auf und zeigt dort seine Showchoreografien.

urban-beat-academy.de
donegals-berlin.de
irishbeats.de

Irish Berlin Shop

Ein Stück Irland in Berlin: 1995 eröffnete der kleine Laden mit Produkten von acht irischen Firmen. Heute findet man hier Lebensmittel, Kleidung, Kunst und vieles mehr von fast 50 unterschiedlichen Produzenten aus Irland, Nordirland und Großbritannien – von den klassischen Guinness-Gläsern (und -Flaschen natürlich) bis zu individuellen Tartan-Etuis für Handys ist alles dabei!

Große Hamburger Straße 36a, Mitte, irish-berlin.de

St. Patrick's Day

Ursprünglich wurde am 17. März des Bischofs Patrick gedacht, der Irland einst missionierte und heute als Nationalheiliger verehrt wird. Inzwischen erinnern die Paraden und Veranstaltungen in Irland und der ganzen Welt mehr an ein großes Volksfest, an dem die irische Kultur gefeiert wird. Welche Pubs, Bars und Clubs am 17. März ein landestypisches Programm auf die Beine stellen, wechselt von Jahr zu Jahr. Auf der sicheren Seite ist man aber mit einem Besuch in einem der Irish Pubs in Berlin – am besten fragt man schon ein paar Wochen im Voraus eine Reservierung an.

Irish Pub Berlin

Er hat die längste Theke Berlins (mit 36 Metern!): der Irish Pub im Europa-Center. Auch wenn man es nicht unbedingt erwarten würde: Im Untergeschoss versteckt sich ein großer, gemütlicher Gastraum mit echter Irish-Pub-Atmosphäre. Die Stammgäste kommen nicht nur wegen Guiness, Kilkenny und Jameson, sondern vor allem wegen der Livemusik. Jeden Abend um 21 Uhr geht's los auf der Bühne. Sláinte! (Prost!)

Tauentzienstraße 9–12, Charlottenburg, irishpubberlin.de

SPANIEN

Die Deutschen lieben Spanien. Nicht nur gilt Mallorca als 17. Bundesland, auch der Rest des Landes gehört zu den liebsten Reisezielen der Deutschen. Wer sich nicht in den Flieger setzen will: In Berlin findet man an vielen Orten spanisches Lebensgefühl – in der Buchhandlung, im Museum und natürlich bei Tapas und Churros.

Bartleby & Co.

„Libros en espanol" steht über der Tür, hinter der ein paar Stufen ins Souterrain führen. Was von außen wie ein kleiner Laden wirkt, erweist sich im Inneren als große Buchhandlung mit mehreren Räumen, bunten Bücherwänden und gemütlichen Leseecken. Tagsüber gibt es Kaffee, Säfte und Schorlen, abends Wein, Bier und Wermut – gerne auch mal in größerer Runde nach Ladenschluss, bei Veranstaltungen oder einfach nur so. Wer sich für spanische Literatur interessiert, ist hier genauso gut aufgehoben wie jemand, der sich gern mit Spanier*innen vernetzen möchte.

Boppstraße 2, Kreuzberg, bartlebyandcoberlin.com

Spanische Dialoge im Bode-Museum

2023 startete das Bode-Museum die neue Veranstaltungsreihe „Spanische Dialoge". Den Auftakt macht eine Ausstellung mit acht ausgewählten Picasso-Werken aus dem Museum Berggruen, die leihweise im Bode-Museum präsentiert werden. In Zukunft soll die Sammlung spanischer Skulpturen vor 1800 im Rahmen verschiedener Veranstaltungen präsentiert werden.

Am Kupfergraben, Eingang über die Monbijoubrücke, Mitte
smb.museum

Nibs Cacao

Der schmale Laden um die Ecke vom Savignyplatz ist bekannt für seine Chocolate con Churros, eine kleine Tasse geschmolzener Schokolade serviert mit Churros, einem länglichen frittierten Spritzgebäck. Dazu gibt es wirklich guten Kaffee – oder für alle, die die volle Ladung Kakaogenuss wollen, ganz besondere Trinkschokoladen.

Bleibtreustraße 46, Charlottenburg, nibscacao.de

Alaska Bar

In der Alaska Bar an der Reuterstraße wirkt alles ein bisschen zusammengewürfelt – aber genau das ist es, was die kleine Tapas Bar so gemütlich macht. Hier gibt es vegane Tapas, von Oliven über Patatas Bravas mit veganer Aioli und Croquetas bis zu Churros mit Schokolade zum Nachtisch.

Reuterstraße 85, Neukölln

Instituto Cervantes

Gegründet wurde das Instituto Cervantes Anfang der 90er-Jahre mit dem Ziel, die spanische Kultur weltweit zu fördern. Das gemeinnützige Institut hat ein großes Angebot an Veranstaltungen im Programm, lädt regelmäßig Wissenschaftler*innen und Künstler*innen, insbesondere (Nachwuchs-) Autor*innen, für unterschiedlichste Formate ein. Passend dazu findet man in der öffentlichen Bibliothek des Instituts über 20.000 Medien aus und über Spanien. Außerdem im Programm: Spanischkurse und -prüfungen, Lehrerfortbildungen, diverse Onlinekurse sowie Workshops und Feriencamps für Kinder und Jugendliche.

Rosenstraße 18, Mitte, berlin.cervantes.es/de

PORTUGAL

Die größte portugiesische Gemeinde in Deutschland gibt es in Hamburg – vielleicht wegen der Nähe zum Meer? Aber auch Berlin hat inzwischen so einige portugiesische Orte zu bieten.

Café Lisboa

Wer im Café Lisboa nicht nur die portugiesischen Spezialitäten, sondern auch ein bisschen mediterranes Lebensgefühl genießen möchte, sollte im Sommer herkommen und an einem der kleinen Tischchen vor dem Laden das Treiben in der Goethestraße an sich vorbeiziehen lassen. Auf der Karte stehen unter anderem echt portugiesische Tapas und natürlich Pasteis de Nata, kleine, mit einer puddingartigen Creme gefüllte Blätterteigtörtchen. Unbedingt probieren!

Goethestraße 34, Charlottenburg

Weingalerie – Weine aus PORTugal

Seit 1986 findet man in der Weingalerie eine große Auswahl portugiesischer Weine. Über 800 sind es, darunter natürlich viele Portweine. Die gut sortierten Regale bieten eine subjektive Auswahl – das Team der Weingalerie ist regelmäßig in Portugal unterwegs, besucht Anbaugebiete, probiert Weine und gestaltet dann auf Grundlage dessen das Sortiment.

Pestalozzistraße 55, Charlottenburg, portwine.de

Mittelmeer

Mittelmeerhaus

Dattelpalmen wie auf Kreta, Heidekraut wie in der Provence und Zypressen wie in der Toskana findet man im Mittelmeerhaus (Haus P) des Botanischen Gartens. Das große Gewächshaus mit den zwei Glastürmen ist schon an sich eine Sehenswürdigkeit und deshalb unbedingt einen Besuch wert. Es bietet aber auch die Möglichkeit für einen Tagesanflug ans Mittelmeer.

Königin-Luise-Straße 6–8, Lichterfelde,
bgbm.org

Mitte Meer

Bei Mitte Meer gibt es – wie der Name schon andeutet – Produkte aus dem Mittelmeerraum. 2002 eröffnete der erste Supermarkt für mediterrane Lebensmittel. Ein Schwerpunkt des Sortiments liegt bis heute auf der großen Weinauswahl, außerdem findet man alles nötige Zubehör für einen mediterranen Kochabend – von kleinen Cazuela-Tonschalen bis hin zu Paella-Sets inklusive Gestell und Gasbrenner.

Prenzlauer Promenade 192, Prenzlauer Berg
Kolonnenstraße 30b, Schöneberg
Berliner Straße 78, Zehlendorf
Kantstraße 42, Charlottenburg
shop.mitte-meer.de

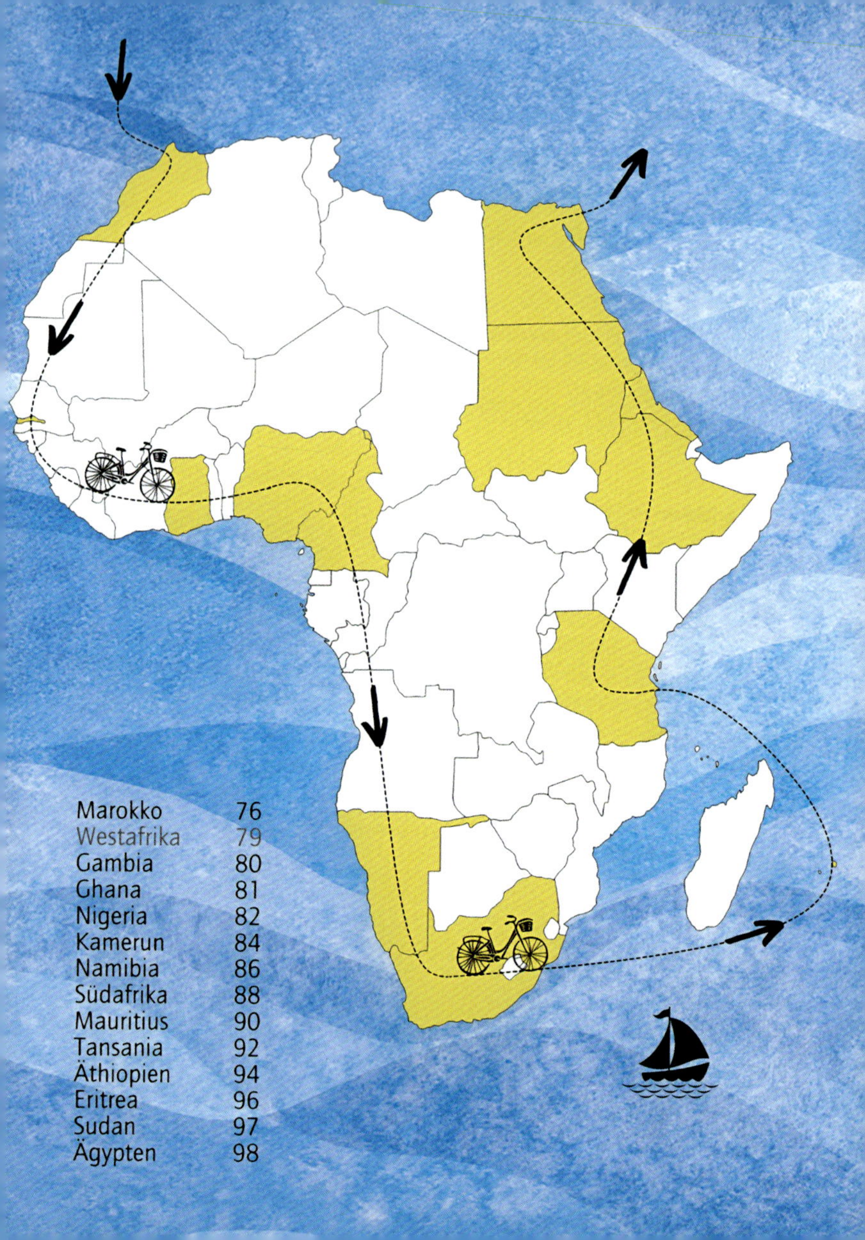
Marokko 76
Westafrika 79
Gambia 80
Ghana 81
Nigeria 82
Kamerun 84
Namibia 86
Südafrika 88
Mauritius 90
Tansania 92
Äthiopien 94
Eritrea 96
Sudan 97
Ägypten 98

AFRIKA

Es ist eine merkwürdige Sache mit Afrika: Wir wissen, dass es den Kontinent gibt, wo er auf dem Globus liegt und von einigen Bildern auch, wie es dort aussieht. Wir kennen Giraffen, Elefanten und Löwen aus dem Zoo. Aber über die Menschen in Afrika, die Geschichte der Völker und Staaten, den kulturellen Reichtum des Kontinents, der immerhin dreimal so groß ist wie Europa, wissen wir – mit Ausnahme des antiken Ägypten – so gut wie nichts. Dabei ist Afrika sogar von Berlin aus gar nicht so weit entfernt. 1.700 Kilometer Luftlinie sind es bis nach Asien, nach Istanbul, und nur 500 Kilometer mehr bis Tunis in Nordafrika! (Aber über 3.000 Kilometer bis zum Ural.)

54 Staaten zählt Afrika. Ihre Grenzen wurden oft willkürlich während und nach der Kolonialzeit gezogen – was zur Folge hatte, dass die meisten Länder verschiedenste Ethnien, Religionen und Sprachen in sich vereinen. Das führte und führt leider immer noch zu Spannungen und sogar Bürgerkriegen – aber auch zu oft großer kultureller Vielfalt innerhalb der einzelnen Staaten. Lange Zeit war die Kultur Afrikas in Berlin fast nur in den großen Museen präsent. Das ändert sich gerade: zum einen, weil die Aufarbeitung der Kolonialzeit in den letzten Jahren in den öffentlichen Fokus gerückt ist und erste Museumsbestände nach Afrika zurückgeführt wurden. Aber vor allem auch, weil immer mehr Neu-Berliner*innen aus Afrika ihre Musik, ihre Esskultur, ihre Traditionen mitbringen und so die Kulturszene der Stadt bereichern.

Beginnen wir mit einem Überblick über den Kontinent – denn viele Vereine und Institutionen, die sich mit Afrika befassen, denken nicht in nationalen Kategorien.

AFRIKAMERA – Aktuelles Kino aus Afrika

Hollywood ist längst abgehängt. Die größte Filmindustrie der Welt ist „Bollywood" im indischen Mumbai/Bombay, die zweitgrößte „Nollywood" in der nigerianischen Metropole Lagos. Rund 2.500 Filme entstehen hier pro Jahr. Doch auch andere Länder Afrikas haben gute Filme und Filmemacher*innen zu bieten. Einen schönen Querschnitt bietet das AFRIKAMERA Filmfestival, das der gemeinnützige Kulturverein toucouleur e.V. organisiert. Ein Thema gibt immer die Richtung an – im November 2023 zum Beispiel Future & Utopias.

afrikamera.de

African Book Festival

Seit 2018 veranstaltet der InterKontinental e.V., ein politisch unabhängiger „Verein zur Förderung afrikanischer Literatur in Deutschland", das African Book Festival. Im Fokus stehen sowohl Autor*innen aus Afrika als auch bekannte Gesichter und Newcomer aus der afrikanischen Diaspora in Deutschland. Zwischen den Lesungen und Diskussionen gibt es Essen, Musik und natürlich die Möglichkeit, sich neuen Lesestoff zu kaufen.

africanbookfestival.de

InterKontinental Bookshop

Der Verein InterKontinental betreibt die erste und einzige Buchhandlung in Berlin, die sich auf afrikanische und afrodiasporische Literatur konzentriert. Das Sortiment ist sorgfältig ausgewählt und breit gefächert, man findet zum Beispiel auch Science-Fiction-Romane und queere Literatur.

Sonntagstraße 26, Friedrichshain, interkontinental.org

Afro Haus

Es begann mit Partys, die die afrikanische Musik und Kultur in Berlin feierten. Inzwischen werden auch zahlreiche andere Veranstaltungen „für die afrikanische und die afrikainteressierte Community" organisiert, zum Beispiel ein Food Festival und Networking Events.

afrohaus.de

Dekoloniale Stadtführung

Der Name des Viertels lässt es schon vermuten: Die Straßen östlich des Volksparks Rehberge im Wedding tragen Namen afrikanischer Länder und Städte oder von Personen, die mit der deutschen Kolonialgeschichte zu tun haben; inzwischen sind auch Namen von Widerstandskämpfern gegen die Kolonialherren dabei. Die Initiative Dekoloniale Stadtführung bietet Spa-

ziergänge durchs Viertel an, bei denen man mehr über die Geschichte der Straßennamen und der Umbenennungen der letzten Jahre erfährt. Über die Sammlungen und die Präsentation afrikanischer Kunst im Humboldt Forum gab und gibt es intensive Diskussionen. Auch hier bietet Dekoloniale Stadtführung Touren an, die in die Materie einführen.

dekolonialestadtfuehrung.de

African Food Festival

„Repräsentation der Vielfalt" ist das Motto des Festivals, das seit 2016 jedes Jahr für ein Wochenende Berliner*innen mit dem Reichtum der afrikanischen Küche vertraut machen will. Aber nicht nur. Wer Spezialitäten wie Suya-Grillspieße aus Nigeria oder ein Braai-Gericht aus Südafrika probiert hat, kann anschließend an verschiedenen Ständen nach Kleidung, Schmuck, Dekoration oder auch Literatur stöbern – alles in Afrika hergestellt oder von Afrika inspiriert. Dazu erklingt natürlich afrikanische oder afrikanisch inspirierte Musik wie Afro House oder Afro Trap.

africanfoodfestival.de

Sankofa Lingua Academy

In Berlin gibt es eine Sprachschule nur für afrikanische Sprachen. Von Amharisch über Swahili und Yoruba bis Zulu kann man hier Kurse in vielen unterschiedlichen Sprachen besuchen – und lernt dabei immer auch etwas über die Kultur der jeweiligen Länder.

Petersburger Straße 92, Friedrichshain, sankofa-lingua.com

Afrika-Haus Berlin

Schon seit 1993 ist das Afrika-Haus ein Ort für den kulturellen Austausch. Meist gibt es in den Räumlichkeiten aktuelle Ausstellungen zu sehen, in unregelmäßigen Abständen finden Diskussionsrunden, Film- und Theaterabende sowie Buchvorstellungen statt – natürlich alles mit Bezug zu Afrika und den afrikanisch-europäischen Beziehungen. Das Afrika Haus setzt sich außerdem für die Erinnerung an die deutsche Kolonialgeschichte ein und bietet Workshops zum afrikanischen Leben in Berlin für Kinder und Jugendliche an.

Bochumer Straße 25, Moabit, afrikahaus-berlin.de

Afrika Medien Zentrum e.V.

Seit 2008 setzt sich das Afrika Medien Zentrum für die Vermittlung afrikanischer Kultur in Deutschland und den interkulturellen Austausch ein. Mit unterschiedlichen Projekten wie Ausstellungen und Workshops möchte das Zentrum Berliner*innen ein differenziertes Bild von Afrika vermitteln, das nicht von Klischees dominiert wird. In diesem Rahmen findet auch jedes Jahr das Kenako Afrika Festival statt, auf dem über Afrika informiert, afrikanische Musik gespielt und afrikanisches Essen angeboten wird. In der hauseigenen Bibliothek steht außerdem eine große Auswahl an Büchern, Zeitschriften, Zeitungen, CDs und DVDs aus und über Afrika zur Ausleihe bereit.

Großkopfstraße 6–7, Reinickendorf, amz-berlin.de

Im Kongo spricht man Französisch, in Mosambik Portugiesisch und in Liberia Englisch – oder? Was wir so leicht daher sagen, stimmt so eigentlich nicht. Die europäischen Sprachen sind zwar die offiziellen Amtssprachen, die die Kinder in der Schule lernen. Aber jedes Volk in Afrika hat seine eigene Sprache, und die „Muttersprache" ist für die wenigsten Afrikaner*innen Englisch oder Französisch. Man schätzt, dass in Afrika ungefähr 2.000 Sprachen gesprochen werden, allein in Nigeria sind es über 500. Erstaunlich ist nur, dass noch immer so wenige Staaten eine afrikanische Sprache als Amtssprache eingeführt haben, wie z.B. Suaheli/ Swahili in Kenia, Tansania, Uganda und Ruanda.

MAROKKO

Das nordafrikanische Land, Teil des Maghreb, hat eigentlich wenig Verbindungen zur deutschen Hauptstadt – die meisten Menschen, die vor den politischen Einschränkungen aus Marokko nach Deutschland geflohen sind, leben in Nordrhein-Westfalen und Hessen. Trotzdem gibt es auch in Berlin eine kleine marokkanische Gemeinschaft.

Kurs für Arabische Kalligrafie

In Marokko – wie auch in anderen Ländern des arabischen Sprachraums – hat die Kalligrafie eine lange Tradition. Die geschwungenen, mit Federkielen gesetzten Schriftzeichen sehen nicht nur kunstvoll aus, sondern sind auch eng mit der Kultur verknüpft und finden sich in Marokko in religiösen Texten, aber auch auf Gebäuden, Fliesen und in Kunstwerken. Diese Schreibkunst kann man auch in Berlin lernen, zum Beispiel beim Kalamon-Institut für arabische Sprache.

Karl-Marx-Straße 190, Neukölln, kalamon.de

Marokkanische Keramik

Ein buntes Bild bietet sich jeden Sonntag auf dem Flohmarkt im Mauerpark am Stand von Saladdine. Längst gibt es auf dem Markt im Prenzlauer Berg nicht mehr nur Trödel von Privatpersonen und Antiquitäten von professionellen Händler*innen. Auch Schmuckverkäufer*innen, wechselnde Start-ups, Essensstände und Kunsthandwerker*innen bieten ihre Waren an. Hier reiht sich seit Jahren auch Saladdine ein: mit Tellern, Schalen und Vasen, in bunten Farben, oft gemustert oder mit dem charakteristischen Rand aus versilbertem Messing. Jeder Artikel ist handgefertigt. Stets am Stand zu finden ist Elis, die in persönlichem Kontakt mit den Kunsthandwerker*innen aus Marrakesch steht und zu jedem ihrer Stücke eine Geschichte zu erzählen hat. Auch online ist Saladdine sehr aktiv.

Mauerpark, Bernauer Straße 63–64, Prenzlauer Berg, saladdine-berlin.de

Restaurant Baraka

Brokatsofas und Sessel stehen an den steinernen, mit Mosaiken dekorierten Wänden; in den hinteren Räumen liegen verzierte Kissen und Teppiche auf dem Boden – hier kann man, traditionell marokkanisch, an den niedrigen Tischen essen. Auf der Karte stehen marokkanische und auch einige ägyptisch inspirierte Gerichte. Besonders empfehlenswert ist die Tajine, ein heißes Schmorgericht, das in einem Keramikgefäß serviert wird. Der Name

Tajine bezeichnet sowohl das Gericht, das wahlweise mit Fisch, Fleisch oder vegetarisch zubereitet wird, als auch den zur Zubereitung genutzten Tontopf.

Lausitzer Platz 6, Kreuzberg, restaurant-baraka.de

Orientalisch-Islamischer Garten

Nach der Tradition klassischer Riads, das sind orientalische Häuser mit Innenhof, ist der Orientalisch-Islamische Garten von einer hohen Mauer umgeben. Abgeschnitten vom Rest der Anlage betritt man hier eine neue Welt. Oleander und Geranien blühen neben Granatapfelbäumen und Palmen, bunte Fliesen glänzen an den Wänden und im Boden, in der Mitte plätschert ein Brunnen unter einem reich verzierten Pavillon. Die marokkanischen Einflüsse sind an vielen Stellen spürbar: Der Gartenhistoriker Mohammed El Fai'z ist Marokkaner und brachte die Kunst seiner Heimat in die Gestaltung ein. Der Garten- und Landschaftsarchitekt Kamel Louafi gestaltete die Gartenanlage. So stammen zum Beispiel die filigranen Verzierungen aus geometrischen Mustern und kalligrafischen Zeichen auf den Zellij (marokkanische Fliesen), den hölzernen Rundbögen und den steinernen Kapitellen aus der Hand marokkanischer Kunsthandwerker*innen. Wenn die Sonne den Garten am Nachmittag in ein warmes Licht taucht, fühlt man sich hier tatsächlich wie im Garten eines marokkanischen Riad.

Eisenacher Straße 99, Marzahn, gaertenderwelt.de/welt-entdecken

Berberlin Rugs

Mit den Berber-Teppichen von Berberlin kann man sich ein Stück Marokko nach Hause holen. Jeder einzelne der farbenfrohen Teppiche wurde im Atlasgebirge handgearbeitet und ist ein Kunstwerk für sich. Die Technik stammt vom indigenen Volk der Berber. Bis heute knüpfen vorrangig Frauen die Teppiche. Um sicherzustellen, dass sie zu guten Arbeitsbedingungen beschäftigt und fair bezahlt werden, reist das Team von Berberlin regelmäßig nach Marokko. Die Berber-Teppiche können im Kreuzberger Showroom von Berberlin bestaunt werden – und wer gern einen persönlichen Beratungstermin hätte, kann diesen nach Absprache auch außerhalb der Öffnungszeiten vereinbaren.

Gneisenaustraße 66, Kreuzberg, berberlin.com

Westafrika

Didi Pa

Bei Didi Pa – das ist Twi und heißt auf Deutsch „gut essen" – gibt es westafrikanische Küche. Von Jollof-Reis mit gegrilltem Hähnchen über Fufu (Teig aus Kochbananen und Kartoffeln) mit Suppe bis hin zu Waakye (in Reis und Gewürzen gekochte Schwarzaugenerbsen mit geschmorten Tomaten) kann man sich hier einmal quer durch die unterschiedlichsten westafrikanischen Spezialitäten probieren. Für Veranstaltungen bietet Didi Pa auch einen Cateringservice an.

Sonnenallee 31, Neukölln, didipa.de

Wolara Drums

Westafrikanisch tanzen und trommeln, das kann man in Berlin bei Wolara Drums lernen. Mehrmals die Woche finden Tanz- und Trommelkurse für Kinder und Erwachsene statt. Getanzt wird zu Trommelmusik und traditionellen Gesängen, in den Trommelkursen stehen Djembé und traditionelle Basstrommeln wie Kenkeni, Sangban und Doundoun zur Auswahl. Vorkenntnisse sind nicht nötig – bei Wolara Drums geht es vor allem um den Spaß an der Sache und das Zusammenfinden in Tanz und Musik.

Buchberger Straße 6, Lichtenberg, wolara-drums.de

Beat-Etage

Überhaupt kann man in Berlin so einige westafrikanische Instrumente erlernen – zum Beispiel in der Beat-Etage. Die Trommelschule für westafrikanische Percussion bietet neben Djembé- und Dunduns-Kursen auch Unterricht für Balafon, ein westafrikanisches Xylophon. Im Rahmen von Festivals haben auch schon Workshops für die Kora, die westafrikanische Harfe stattgefunden – am besten also einfach mal einen Blick in das aktuelle Kursangebot werfen.

Bouchéstraße 75, Alt-Treptow, beat-etage.de

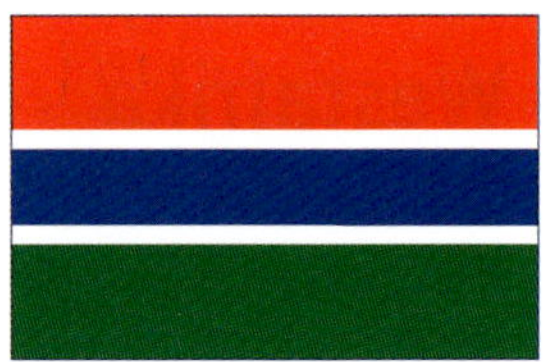

GAMBIA

Mit gerade mal 11.000 Quadratkilometern ist Gambia etwa halb so groß wie Hessen – und damit der kleinste Staat auf dem afrikanischen Festland. Die gambische Bevölkerung setzt sich aus vielen unterschiedlichen Ethnien zusammen, die unterschiedliche Sprachen sprechen und eigene Kulturen pflegen.

Senegambia African Imbiss

Gambia grenzt im Westen an den Atlantischen Ozean – und ist ansonsten vollständig von Senegal umgeben. Kein Wunder also, dass die gambische und die senegalesische Küche viele Gemeinsamkeiten haben: In beiden Ländern ist Reis meist die Hauptzutat, dazu gibt es Okraschoten, Hibiskusblätter und Gemüse sowie Fleisch und Fisch. Im Senegambia African Imbiss kann man unterschiedliche Varianten dieser meist leicht scharfen Gerichte probieren – und sitzt dabei nicht selten zusammen mit Westafrikaner*innen am Tisch. Ein besseres Gütesiegel gibt es nicht!

Reichenberger Straße 72a, Kreuzberg

Bantabaa e.V.

„Bantabaa", das ist Mandinka und heißt Treffpunkt. Seit 2015 bietet der Verein westafrikanischen Geflüchteten einen Safe Space und initiiert und fördert verschiedenen Projekte. Zwei ehemalige Projektteilnehmer gründeten zudem den Bantabaa Food Dealer, ein gambisches Restaurant, das zum Treffpunkt für Berliner*inner und Gambier*innen geworden ist. Einmal im Monat finden hier die Community Dinner des Bantabaa-Vereins statt. Interessierte sind (im Verein und beim Community Dinner) herzlich willkommen!

Bantabaa Food Dealer: Wrangelstraße 82, Kreuzberg,
bantabaa.de | bantabaafooddealer.eu

GHANA

Wie die meisten afrikanischen Länder ist auch Ghana ein Vielvölkerstaat: Neben den Akan, die mit 47,5 Prozent den größten Teil der Bevölkerung ausmachen, leben hier sechs weitere afrikanische Ethnien – nur etwa anderthalb Prozent der Bevölkerung stammen aus Europa, Asien oder Amerika. Zur Kolonialzeit hatte das Land wegen des Rohstoffreichtums den Beinamen „Goldküste", und bis heute ist Gold einer der wichtigsten ghanaischen Wirtschaftsfaktoren.

Twi-Sprachkurse

Mit mehreren Millionen Muttersprachler*innnen ist Twi, eine Sprache der Akan, nach Englisch die meistgesprochene Sprache in Ghana – und die kann man in Berlin lernen! Beim Verein Lernbrücke gibt es unterschiedliche Twi-Sprachkurse von Muttersprachler*innen. Dabei werden nicht nur Vokabeln und Grammatik gepaukt, sondern es gibt auch Einblicke in die Kultur und den Alltag der Ghanaer*innen.

Feurigstraße 55, Schöneberg, lernbruecke-e-v.de

Katholische Ghana-Gemeinde

Seit 2000 feiert die Katholische Ghana-Gemeinde ihre Gottesdienste in der St.-Judas-Thaddäus-Kirche. In den letzten Jahren ist die Gemeinde stark gewachsen, an den großen Feiertagen kommen mehrere hundert Menschen zu den Messen. Gefeiert wird hier traditionell, mit bunten Gewändern, Musik und Tanz. Dreimal jährlich begeht die Katholische Ghana-Gemeinde auch Gottesdienste gemeinsam mit der Gemeinde Herz Jesu/St. Judas Thaddäus. Gepredigt und gesungen wird dann auf Deutsch, Englisch und Twi.

Bäumerplan 1–7, Tempelhof

NIGERIA

Nigeria ist ein vielfältiges Land in jeder Hinsicht: Über 250 verschiedene Ethnien leben hier, im bevölkerungsreichsten Land Afrikas. Das ist besonders in der Kultur spürbar, denn Musik, Kunst und Kulinarik sind hier allesamt bunt und facettenreich. Erleben kann man das auch in Berlin bei verschiedenen Festivals, in traditionellen Restaurants oder bei einem Museumsbesuch.

Benin-Sammlung

Insgesamt 512 Objekte aus dem Königreich Benin (im heutigen Nigeria, nicht zu verwechseln mit der heutigen Republik Benin) gab es über Jahrzehnte im Ethnologischen Museum Berlin zu sehen – bis 2022, als die Exponate aufgrund der Verbindungen zur Kolonialgeschichte an Nigeria zurückgegeben wurden. Die Zusammenarbeit ergab jedoch eine temporäre Ausstellung: Ein Drittel der Sammlung bleibt noch bis 2032 als Leihgabe in Berlin und ist zurzeit im Humboldt Forum ausgestellt.

Schloßplatz, Mitte, smb.museum

Nigerian Community in Berlin

Auf dem Naija Art & Culture Festival, organisiert von der Nigerian Community in Berlin, können Besucher*innen Kunst, Musik und Kulinarik aus Nigeria kennenlernen. Neben Ausstellungen und Vorführungen gab es 2023 zum Beispiel Afrobeats-Musik und landestypische Küche. Die Nigerian Community veranstaltet auch außerhalb des Festivals Events und Workshops, in denen sie die Kultur ihres Landes feiert und Exil-Nigerianer*innen einen Safe Space in Berlin bietet.

nigeriancommunityinberlin.org

Afrobeats-Festival

Zum zweiten Mal in Folge feierten Berliner*innen 2023 das größte Afrobeats-Festival Deutschlands. Afrobeat kombiniert traditionelle Musik Westafrikas mit Jazz und Funk und hat seinen Ursprung in Nigeria. Auf dem Festival treten bekannte Künstler*innen, aber auch Newcomer auf. Außerdem gibt es Panel-Talks, Ausstellungen und afrikanische Küche zu entdecken.

afrobeatsfestival.de

Restaurant Ebe Ano

Jollof Reis, Pounded Yams und Okraschoten – all das gibt es im Restaurant Ebe Ano. Übersetzt heißt „Ebe Ano" etwa „wo es passiert", und das ist hier Programm: Das Ebe Ano ist ein Ort, an dem man nicht nur spannende Kombinationen der westafrikanischen Küche entdecken, sondern auch private Partys veranstalten kann – inklusive Catering mit Nigerian Soul Food natürlich.

Bamberger Straße 49, Schöneberg, ebo-ano.de

KAMERUN

Von der Atlantikküste im Südwesten über tropische Regenwälder und Savannen im Landesinneren bis hin zu den Gebirgszügen im Norden des Landes: In Kamerun gibt es fünf Klimazonen und dementsprechend viele unterschiedliche Landschaften und Vegetationen zu entdecken – deshalb wird das Land gern als „Afrika in Miniatur" bezeichnet. Politisch ist Kamerun von einer autoritären Regierung geprägt, der eine lange Kolonialgeschichte vorherging. Über 30 Jahre war Kamerun eine deutsche Kolonie (nach dem Ersten Weltkrieg teilten sich Briten und Franzosen das Land, weshalb eine offizielle Sprachgrenze Kamerun durchzieht). Dementsprechend findet man in Berlins Museen viel Kamerunisches, das aus der Kolonialzeit stammt oder daran erinnert – überraschenderweise auch im Botanischen Museum.

Kamerun-Sammlung

Mehrere Objekte aus dem heutigen Kamerun, sind unter dem Titel „Koloniales Kamerun" im Humboldt Forum ausgestellt – direkt neben einer Installation der Kameruner Künstlerin Justine Gaga zu den Auswirkungen der Kolonialherrschaft. Eines der bekanntesten Ausstellungsstücke ist ein Königsthron aus dem späten 19. Jahrhundert, der kunstvoll verzierte „Mandu Yenu" (was „reich an Perlen" bedeutet). Er stammt aus dem ehemaligen Königreich Bamun im heutigen Kamerum. Bis heute wirft die Geschichte des Throns Fragen auf: Anfang des 20. Jahrhunderts drängten angeblich deutsche Museumsleute darauf, den Thron nach Deutschland zu bringen. König Njoya stimmte schließlich einer Übergabe zu – ließ den Thron in Kamerun aber heimlich durch eine Kopie ersetzen, um die Abgabe vor dem Volk zu verschleiern. Zu Recht fragt das Humboldt Forum heute: „Warum verschenkte Njoya den Thron? ... Und ist ein Geschenk unter den ungleichen Machtbedingungen des Kolonialismus überhaupt ein Geschenk?"

Schloßplatz, Mitte, smb.museum

Bantou Village

Im afrikanischen Viertel im Wedding findet man, passenderweise in der Kameruner Straße, einen echten kulinarisch-kamerunischen Geheimtipp: das Bantou Village. In dem Restaurant bekommt man landestypische Spezialitäten, vor allem Fleisch und Fisch, vom Grill oder geschmort, auf jeden Fall aber mit traditionellen Gewürzen – und meist mit frittierter Kochbanane als Beilage. Dazu gibt es Biere aus Kamerun, und im Fernsehen läuft auch manchmal afrikanisches Programm.

Kameruner Straße 2, Wedding, bantou-village-berlin.de

Modell der Regierungsplantage Victoria

Es ist eines der ungewöhnlichsten Exponate im Botanischen Museum: das Modell eines botanischen Gartens in Kamerun. Das farbige Gipsmodell zeigt die Regierungsplantage Victoria (im heutigen Limbe) im Jahr 1895. Victoria wurde zwar von den Briten gegründet und stand nach dem Ersten Weltkrieg auch wieder unter britischer Verwaltung, gehörte dazwischen aber für mehrere Jahrzehnte zum „Schutzgebiet Deutsch-Kamerun". Während dieser Zeit baute Paul Preuss einen botanischen Garten direkt am Meer. Der diente vor allem der Einführung ausländischer Nutzpflanzen, darunter Kaffee, Kakao und Obstsorten wie Bananen, Mangos und Guaven. Bis heute findet man die Anlage an ihrem originalen Standort, allerdings wurde sie über die Jahre auf etwas weniger als die Hälfte seiner ursprünglichen Fläche verkleinert. Trotzdem ist der Garten mit den ausländischen Pflanzen in Kamerun einzigartig.

Königin-Luise-Straße 6–8, Lichterfelde, bgbm.org

NAMIBIA

Namibia ist nach der Mongolei das am zweitdünnsten besiedelte Land der Welt. Weniger als drei Menschen kommen hier auf einen Quadratkilometer – in Deutschland sind es 230. Das Verhältnis zwischen Namibia und Deutschland ist vor allem von der Kolonialgeschichte geprägt. So findet man in Namibia zum Beispiel Orte wie Seeheim oder Marienthal, die von deutschen Siedlern gegründet wurden. Und noch heute gibt es eine offizielle deutschsprachige Minderheit in Namibia.

Namibia-Gedenkplatte neben dem Hererostein

Bis heute gibt es in Berlin nur ein einziges Denkmal, das an die deutsche Kolonialherrschaft und den Völkermord an den Herero und Nama erinnert – wobei das Wort „Völkermord" nicht explizit auf dem Denkmal zu finden ist. Auf dem Friedhof Columbiadamm in Neukölln liegt seit über hundert Jahren der Hererostein, der den freiwilligen deutschen Soldaten für ihren Einsatz in Namibia dankt. Seit 2009 weist eine zusätzliche Gedenkplatte auf die Umstände dieses Einsatzes hin: Mitgewirkt haben die Soldaten am Krieg gegen die einheimische Bevölkerung 1904–07. Im Jahr 2021 erkannte die deutsche Bundesregierung dies als „Völkermord aus heutiger Sicht" an. Wegen der fehlenden Bezeichnung des „Kolonialkrieges" als Völkermord auf der Gedenkplatte

und dem weiteren Verbleib des Hererosteins ist das Denkmal-Ensemble bis heute umstritten.

Columbiadamm 122, Neukölln

Namibia-Sammlung

Die Objekte der Namibia-Sammlung des Ethnologischen Museums kamen zum Großteil während der Kolonialzeit nach Deutschland. 2022 wurden im Zuge der kolonialen Aufarbeitung 23 Objekte zur Erforschung und Ausstellung nach Namibia zurückgeschickt. Außerdem wurden die Namibia-Schaukästen im Humboldt Forum umgestaltet: Statt der Originale selbst sind nur die Fotografien der Artefakte zu sehen, dazu Informationen zu Provenienz, Fehlbeschriftungen und Auswirkungen der kolonialen Gewalt und Missionierung; die Texte wurden von Namibier*innen verfasst. Im Rahmen der Ausstellung wird zudem ein Film gezeigt, der über die Kolonialzeit Deutschlands und insbesondere den Genozid an den Herero und Nama aufklärt.

Schloßplatz, Mitte, smb.museum

Pflanzen der Wüste Namib

Der Welwitschia-Annex im Botanischen Garten entführt Besucher*innen auf einen Spaziergang durch die Wüste Namib, die mit über 80.000 Quadratkilometern Fläche in etwa so groß ist wie die Tschechische Republik. Die Namib-Wüste erstreckt sich bis nach Angola und Südafrika, liegt aber zum Großteil in Namibia und beeindruckt insbesondere mit einer Vielfalt an Sukkulenten. Auch andere Pflanzen haben sich hier auf einzigartige Weise an die extreme Trockenheit angepasst, so zum Beispiel die Namensgeberin des Welwitschia-Annex: Die Welwitschie (die wiederum nach ihrem Entdecker Friedrich Welwitsch benannt wurde) kann bis zu 2.000 Jahre alt werden und in dieser Zeit sehr lange Blätter entwickeln, die am Boden entlangwachsen. In Namibia gilt sie als Nationalpflanze und ziert sogar das Staatswappen.

Königin-Luise-Straße 6–8, Lichterfelde, bgbm.org

SÜDAFRIKA

Wer einmal da war, schwärmt von den abwechslungsreichen Landschaften, von den weißen Stränden an der Südküste und den üppigen Wäldern und Gebirgen im Landesinneren. Doch nicht nur das prägt die Region: In Südafrika gibt es weitläufige Weinanbaugebiete, die das Land zu einem der bedeutendsten Akteure der Weinwelt machen.

NOER Weinhandel

„Das Kap der guten Weine" ist ein ganz besonderes Weintasting im NOER Weinhandel: Hier gibt es unter dem Motto „Südafrika im Überblick" sechs verschiedene Weine des Landes zu testen – Snacks und Begrüßungsdrink inklusive. Mit Informationen zu Rebsorten und den speziellen Anbautechniken in Südafrika führt das Team des Weinhandels durch den Abend. Die Veranstaltung findet dreimal im Jahr statt und dauert etwa zwei Stunden. Natürlich kann man auch einfach zu den üblichen Öffnungszeiten im NOER vorbeikommen.

Falckensteinstraße 10, Kreuzberg, noer.de

Cape Times

Wohnen wie in Südafrika, das macht Cape Times (beinahe) möglich: Mit nachhaltigen Einrichtungsgegenständen wie Bilderrahmen aus Altholz und handgefertigter Keramik bringt der Laden südafrikanisches Flair nach Berlin. Inhaber Benjamin Rüggeberg hat einen persönlichen Bezug zum Land – er hat dort seine Kindheit verbracht. Design war schon damals seine Leidenschaft, und die hat er mit Cape Times zum Beruf gemacht. Aber Achtung: Es gibt keine festen Öffnungszeiten! Wer hier stöbern oder sich beraten lassen möchte, muss vorab einen Termin vereinbaren.

Alt-Buch 45–51, Buch, capetimes.de

Silberbäume und Leguminosen

Das Kapland ist eines der artenreichsten Gebiete der Welt. Kein Wunder also, dass die einzigartigen Pflanzen aus Südafrika auch im Botanischen Garten ein ganzes Gewächshaus (Haus K) füllen. Hier gibt es viele für die Region typische Blumen, Büsche und Bäume zu entdecken. Manche der Blumen kann man in Deutschland inzwischen auch beim Floristen kaufen: Die Silberbaumgewächse zum Beispiel mit ihren kegel- oder kugelförmigen Köpfen, die sich im Inneren aus scheinbar endlos vielen kleinen Blütenblättern zusammensetzen, findet man oft in leuchtendem Rosa, Orange oder Rot in Berliner Blumenläden.

Königin-Luise-Straße 6-8, Lichterfelde, bgbm.org

Outer Africa Berlin

Verschiedenste Produkte mit Bezug zu Südafrika findet man in diesem Laden, der etwas versteckt zwischen der Steglitzer Schloßstraße und dem S-Bahnhof Feuerbachstraße liegt: beeindruckende Wildlife-Fotografien der Tierwelt Südafrikas, Dekorationen, Schmuck und traditionelle Lebensmittel. Auch alkoholische Getränke wie Wein, Gin oder der bekannte Amarula Sahnelikör werden angeboten; letzterer ist eine maßgebliche Zutat im südafrikanischen Cocktail Don Pedro und wird aus den Früchten des Marula-Baums hergestellt. Teile des Gewinns spendet Outer Africa Berlin gemeinnützigen Organisationen der Region. Gelegentlich finden auch Veranstaltungen wie Gin-Tastings statt. Es lohnt sich also der Blick in den Veranstaltungskalender.

Feuerbachstraße 18a, Steglitz, outerafrica.com

MAURITIUS

Eine idyllische Insel mit blendend hellen Sandstränden im türkisblauen Meer – Mauritius ist das Touristenparadies schlechthin unter den Eilanden rings um Afrika. Hier gibt es aber auch trinkbares Gold, das seinen Weg bis nach Berlin gefunden hat – ebenso wie zwei Fitzelchen Papier hinter Panzerglas, Hinterlassenschaften der britischen Kolonialherren.

Gold-of-Mauritius-Rum

Richtig guter Rum muss nicht aus der Karibik kommen. Das beweist die Marke „Gold of Mauritius" des Jungunternehmers Frederic Bestel. Er ist in die Fußstapfen seines Vaters getreten, der früher Rum aus Eigenproduktion auf der Insel verkaufte, hat über die Jahre einen weltweiten Vertrieb aufgebaut und 2015 sogar die Goldmedaille bei den World Spirits Awards gewonnen. Zwei Sorten seines Rums gibt es in Berlin bei Delicious zu kaufen. In dem Ladengeschäft in Wilmersdorf werden neben Spirituosen aus allerlei Ländern auch regelmäßige Verkostungen angeboten.

Pariser Straße 54, Wilmersdorf, delicious-berlin.com

Rote und Blaue Mauritius

Sie sind die berühmtesten Briefmarken der Welt: die Rote und vor allem die Blaue Mauritius. Von der ersten Version der Briefmarken wurden für die Einladungen zum Gouverneursball 1847 nur je 500 Exemplare in Rot und in Blau gedruckt. Heute existieren weltweit noch zwölf blaue und fünfzehn rote Mauritius – und jeweils eine davon ist in der Schatzkammer des Museums für Kommunikation zu bewundern. Dabei konnte sich das Postmuseum nach seiner Gründung (als erstes seiner Art in der Welt) 1872 die teuren

Sammlerstücke nicht leisten – und stellte deshalb, zum Spott der Fachgemeinde, nur Kopien aus. Erst 1901 kamen die Stücke im Tausch von einem Berliner Briefmarkenhändler ins Museum. Während des Zweiten Weltkriegs wurden die wertvollen Marken in Bergwerksstollen versteckt, verschwanden dann nach 1945 für einige Jahre und fanden erst nach der Wiedervereinigung ihren Weg zurück ins Museum.

Museum für Kommunikation,
Leipziger Straße 16, Mitte
sammlungen.museumsstiftung.de/briefmarken

Es gibt einige Gesellschaften und Vereine, die sich für die Verständigung zwischen Deutschland und bestimmten afrikanischen Ländern einsetzen und privaten Interessierten, aber auch der Wirtschaft Netzwerke und Plattformen bieten. Manche sind sehr rege auch im kulturellen Bereich, andere weniger. Wer sich für ein bestimmtes Land interessiert, wird im Internet meist fündig. Da gibt es zum Beispiel die Deutsch-Malawische Gesellschaft e.V., die auch im Lobbyregister des Bundestages eingetragen ist, der Ogumana e.V., der sich für den Austausch mit Mosambik einsetzt, oder die Burundische Diaspora in Deutschland e.V.

TANSANIA

Jährlich reisen fast eine Million Menschen, darunter viele Deutsche, in das ostafrikanische Land, oft in der Hoffnung, in einem der Nationalparks möglichst viele der sogenannten Big Five (Elefant, Nashorn, afrikanischer Büffel, Löwe und Leopard) zu entdecken. Schwer wiegt die deutsche Kolonialherrschaft zwischen 1885 und 1916, während derer das heutige Tansania Deutsch-Ostafrika hieß. Damals wurden Kunstwerke und Fossilien nach Deutschland gebracht, die teilweise noch heute in Berliner Museen ausgestellt sind.

Tansania-Sammlung

Über 10.000 Objekte aus Tansania gehörten zwischenzeitlich zur Sammlung des Ethnologischen Museums. Mit einer 2024 beginnenden Sonderausstellung soll nun die gemeinsame Geschichte Tansanias und Deutschlands aufgearbeitet werden – als Gemeinschaftsprojekt des National Museums of Tanzania, der Stiftung Preußischer Kulturbesitz und der Stiftung Humboldt Forum. Bis dahin kann man bereits eine hinführende Werkstattausstellung besuchen, die sich mit der Bedeutung von Raubkunst und dem kolonialen Einfluss auf die Sammlungen aus Tansania beschäftigt: Unter dem Titel „Leerstellen. Ausstellen." wird die Schau konstant erweitert – unter Einbeziehung der Besucher*innen. So kann man mit interaktiven Elementen den bisherigen Stand bewerten und Wünsche für zukünftige Elemente äußern. Zudem werden Ergebnisse von Workshops mit Schüler*innen ausgestellt. In Form von Collagen verarbeiteten diese ihre Erkenntnisse zu kolonialer Fotografie und ihren Nachwirkungen in heutigen Medien.

Schloßplatz, Mitte, smb.museum

Oskar aus Tendaguru

Auf allen Kontinenten hat man Skelette von Dinosauriern zutage gefördert. Eine der größten und ergiebigsten Ausgrabungen fand 1909–13 in Tendaguru im heutigen Tansania statt. Die Knochenfunde kamen nach Berlin, wo sie zu mehreren Skeletten zusammengesetzt wurden. Mehrere Saurier sind heute im Lichthof des Naturkundemuseums ausgestellt, darunter der größte rekonstruierte Saurier der Welt, der 13 Meter hohe „Giraffatitan brancai", der seit einer Publikumsbefragung 2007 den Namen Oskar trägt. Auch hier sind in den letzten Jahren immer mehr Fragen zur kolonialen Geschichte aufgeworfen worden. Dabei spielt nicht nur die Überführung der Knochen nach Deutschland eine Rolle, sondern auch die Ausbeutung afrikanischer Arbeiter*innen während der Ausgrabung. Das Museum klärt über die Hintergründe auf und arbeitet zudem mit der Universität in Daressalam zusammen.

Invalidenstraße 43, Mitte, museumfuernaturkunde.berlin

ÄTHIOPIEN

Menschen, die Äthiopien einmal besucht haben, schwärmen von der Natur, den architektonischen Sehenswürdigkeiten und der Gastfreundschaft im bevölkerungsreichsten Binnenland der Welt, das übrigens nie unter einer Kolonialherrschaft zu leiden hatte.

Mokannti Coffee Roasters

Äthiopien gilt als Ursprungsland des Kaffees. Ein elementarer Teil der äthiopischen Kultur ist daher die Kaffeezeremonie, der bis zu dreimal am Tag viel Zeit gewidmet wird. Bei Mokannti wird der Kaffee aus äthiopischen Arabica-Bohnen selbst geröstet, und dazu gibt es Essen aus Äthiopien und Eritrea sowie leckere Kuchen. Man kann sich aber auch Kaffeebohnen im gewünschten Mahlgrad nach Hause mitnehmen.

Lettestraße 9, Prenzlauer Berg, mokannti.com

Lalibela

Im Lalibela kann man sogar die Kaffeezubereitung nach traditioneller äthiopischer Zeremonie beobachten. Im Jahr 2000 gegründet, hat sich das Lalibela zu einer richtigen Restaurantkette mit Standorten in Kreuzberg, Neukölln und Wedding entwickelt. Die Hauptgerichte werden mit dem äthiopischen Fladenbrot Injera serviert, das aus Teff-Mehl, einer Hirseart, gebacken wird und mehrere Tage gärt. Die würzigen Speisen isst man mit der Hand, die Sauce saugt man mit dem Brot auf.

mehrere Standorte in Kreuzberg, Neukölln und Wedding, lalibelaberlin.de

adot kitchen

„Adot" bedeutet Mutter, steht aber auch für Tochter, Schwester, Cousine oder Freundin. Die Gründerin Rahel hatte zunächst einen Stand in der Markthalle Neun (in der Eisenbahnstraße), bevor sie Pop-ups in verschiedenen Restaurants betrieb und schließlich ihren eigenen Laden beziehen konnte. Gemeinsam mit Eskinder serviert sie nun in Berlins einzigem äthiopischem Brunch-Café glutenfreie Injera aus Teff-Mehl, viele vegane und vegetarische Optionen wie Ful und Linsen-Bulgursalat sowie die Spezialität des Hauses: Rührei („wie kein anderes, das du jemals probiert hast").

Lucy-Lameck-Straße 32, Neukölln, adotkitchen.com

Äthiopisches Neujahrsfest

In Äthiopien beginnt das neue Jahr am 11. September – und 2023 begann das Jahr 2016! Der äthiopische Kalender liegt etwa sieben Jahre und acht Monate hinter dem gregorianischen Kalender zurück, es gibt 13 Monate (einen kurzen Schaltmonat), und der Tag beginnt mit dem Sonnenaufgang (nach internationaler Zeit 6 Uhr). Beim Neujahrsfest des Vereins Ethio-Berlin – immer am 11. September – sind Gäste willkommen!

ethioberlinev.com/kultur

ERITREA

Seit sich Eritrea 1993 von Äthiopien unabhängig erklärte, herrscht in dem Küstenland am Roten Meer eine Diktatur: Politische Opposition ist verboten, Erwachsene werden zu Militärdienst und Zwangsarbeit verpflichtet, Frauen teils schon in jungen Jahren verheiratet oder zur Prostitution gezwungen. Immer mehr Menschen sind deshalb in den letzten Jahrzehnten aus Eritrea geflüchtet, viele von ihnen nach Berlin, wo eine große eritreische Gemeinschaft entstanden ist.

Eritreisch-Orthodoxe Tewahdo-Gemeinde

Mehrere Stunden dauert ein Gottesdienst der Eritreisch-Orthodoxen Tewahdo-Gemeinde. Immer sonntags wird ab 5.30 Uhr in der Philippus-Kirche gefeiert und gebetet, an Feiertagen gern auch mit mehreren hundert Menschen. Gäste sind herzlich willkommen – gepredigt wird allerdings ausschließlich auf Tigrinisch. In Zukunft sollen auch gemeinsame Veranstaltungen mit der Philippus-Nathanael-Gemeinde stattfinden.

Grazer Platz 4, Schöneberg, philippus-nathanael.de

TZOM

Es ist das erste eritreische Restaurant in Berlin: TZOM, das 2014 in Kreuzberg eröffnete. In den in warmem Orange gestrichenen Räumen herrscht eine gemütliche, familiäre Atmosphäre. Auf der Karte stehen traditionelle eritreische Gerichte und sogenannte Gemeinschaftsteller, die man wahlweise für bis zu vier Personen bestellen kann. Eintöpfe und Saucen werden landestypisch mithilfe des Fladenbrots mit den Händen gegessen.

Dieffenbachstraße 69, Kreuzberg, tzom.berlin

SUDAN

Der Sudan hat eine bewegte Geschichte: Unter osmanischer Oberhoheit beherrschten im 19. Jahrhundert die ägyptischen Vizekönige das Gebiet, 1899 wurde es als „Anglo-Ägyptischer Sudan" zur britischen Kolonie, bevor der Sudan 1956, als damals größtes Land Afrikas, seine Unabhängigkeit erklärte. Heute prägen die autoritäre Regierung sowie Machtkämpfe, Putsche und Straßenkämpfe das Leben im Land, von dem sich 2021 der christliche Süden als Süd-Sudan abspaltete. Viele Sudanes*innen sind geflohen, fast 10.000 leben heute in Deutschland.

Der antike Sudan

Die lange ägyptische Herrschaft über den Sudan erklärt, warum historische Artefakte von dort zur Sammlung des Ägyptischen Museums gehören. Die Objekte aus dem antiken Nubien, insbesondere aus den Städten Naga und Meroë, die auf dem heutigen Staatsgebiet des Sudan liegen, findet man in einem Raum im unteren Geschoss des Neuen Museums. Zu den Ausstellungsstücken gehören Vasen, Becher und Scherben, aber auch Kleidungsstücke, Schmuck oder Kämme aus antiken Zeiten.

Bodestraße, Mitte, smb.museum

Sahara Imbiss

Früher ein Geheimtipp, heute ein Must-See: Acht Sahara-Imbisse gibt es inzwischen in Berlin, verteilt über die Bezirke Schöneberg, Kreuzberg, Neukölln und Wedding. Hier können Sandwiches, Bowls und Tellergerichte ganz nach Geschmack mit Fleisch, Falafel oder Halloumi zusammengestellt werden. Die wichtigste Zutat bei allen Speisen: die unverwechselbare Erdnusssauce!

saharaimbiss.de

ÄGYPTEN

Die berühmteste Berlinerin stammt aus Ägypten: die Nofretete! Vielleicht auch deshalb ist unsere Sicht auf Ägypten bis heute geprägt von wenigen Bildern: den Pyramiden von Gizeh, der Sphinx, der endlosen Wüste – und eben der Nofretete. Dabei ist der Staat am Nil eine lebendige Kulturnation mit immerhin 110 Millionen Einwohner*innen.

Altägyptische Pflanzenfunde

Im alten Ägypten spielte die Pflanzenheilkunde eine wichtige Rolle. Auch auf Mumien wurden während der Vorbereitung zum Begräbnis Ketten aus Blüten und Blättern drapiert. Einige solcher Pflanzen sowie Repliken von Pflanzenmotiven an Pharaonen-Gräbern sind im Botanischen Museum zu bestaunen. Das wird gerade modernisiert, soll aber 2025 neu eröffnen.

Königin-Luise-Straße 6–8, Lichterfelde, bgbm.org

Koshary Lux

Street Food in den Räumen eines Restaurants, das ist die Idee von Koshary Lux nahe dem Savignyplatz. Die Einrichtung ist bunt, die Atmosphäre lebhaft, die Musik ägyptisch – und wenn man dann noch den Geruch orientalischer Gewürze in der Nase hat, meint man fast, auf einem ägyptischen Souk zu stehen. Die Wirte sind in Kairo aufgewachsen und wollten mit ihrem Restaurant ein Stück ihrer Heimat nach Berlin bringen. Neben traditionellen ägyptischen Speisen haben sie aber auch libanesische Gerichte im Angebot – und „KLX Freestyle", eigene Interpretationen verschiedener Kochstile. Übrigens: Falafel werden hier landestypisch nicht aus Kichererbsen, sondern aus Favabohnen hergestellt.

Grolmanstraße 27, Charlottenburg

Ägyptisches Museum und Papyrussammlung

Zahlreiche Grabbilder, Papyrusschriften, Mumienmasken und weitere historische Artefakte, die im späten 19. und frühen 20. Jahrhundert unter deutscher Leitung ausgegraben wurden, kamen nach Berlin, wo sie nun im Neuen Museum zu bewundern sind. Das berühmteste Stück ist natürlich die Büste der Königin Nofretete. Sie wird eindrucksvoll in der Mitte des Nordkuppelsaals präsentiert, der mit seinen hohen Decken, den Rundbögen und den grünen Wänden einen spannenden Hintergrund schafft. Aber es gibt noch zahlreiche weitere Sarkophage, Schmuckstücke, Schriften u.ä. zu entdecken. Der Verein zur Förderung des Ägyptischen Museums Berlin ist sehr rege, bietet Führungen und Vorträge an und wählt ein „Kunstwerk des Monats" aus, das dann in der James-Simon-Galerie präsentiert wird.

Bodestraße, Mitte, aegyptisches-museum-berlin-verein.de

Makäni

Liebe zum Detail wird hier großgeschrieben: Bei Makäni findet man handgefertigte Produkte aus Ägypten. Die Besitzer Karin und Shereef haben über 20 Jahre lang in verschiedenen Teilen des Landes gelebt und dabei all die Kunsthandwerker*innen kennengelernt, deren Produkte sie nun in ihrem Laden anbieten: Haneya fertigt aus Stoffresten von Kleiderfabriken moderne Teppiche, Ahmed lernte schon als Kind, bunte Gläser mit dem Blasrohr herzustellen, und Abdelnabi bemalt seit über 60 Jahren Keramik in Kairo.

Goltzstraße 14, Schöneberg, makaeni.com

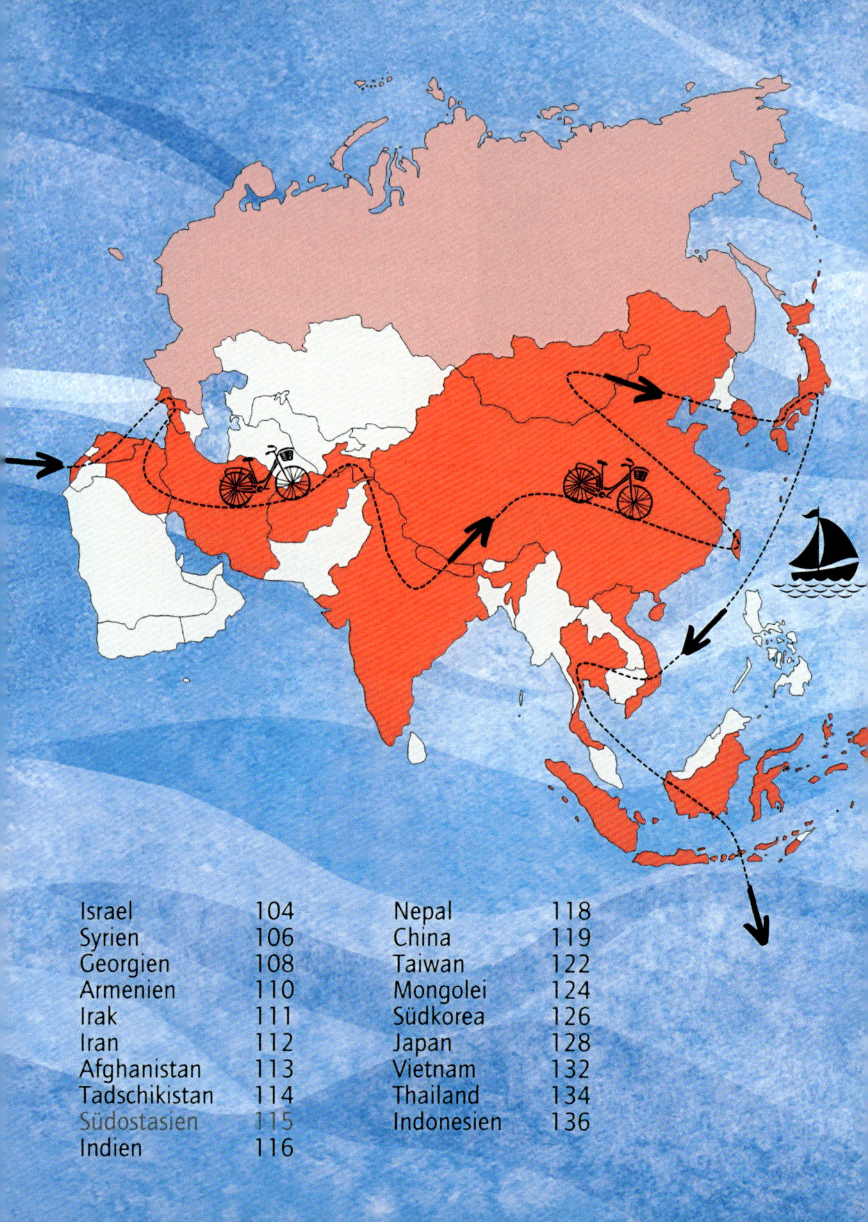
Israel 104
Syrien 106
Georgien 108
Armenien 110
Irak 111
Iran 112
Afghanistan 113
Tadschikistan 114
Südostasien 115
Indien 116
Nepal 118
China 119
Taiwan 122
Mongolei 124
Südkorea 126
Japan 128
Vietnam 132
Thailand 134
Indonesien 136

ASIEN

Sushi, Chop Suey, Curry oder Falafel – die Namen asiatischer Gerichte gehen Berliner*innen inzwischen genauso leicht von der Zunge wie die deutscher Gerichte. Asiatische Küche ist in Deutschland und Berlin weitverbreitet und beliebt, was zum Beispiel der immer gut besuchte Thaimarkt im Preußenpark zeigt: Seit Jahren setzen sich die Berliner*innen dafür ein, dass der Markt bestehen bleiben kann, unterschreiben eine Petition nach der anderen – und haben damit ein ums andere Mal Erfolg. Aber die asiatischen Länder haben viel mehr zu bieten als gutes Essen. Verschaffen wir uns zunächst einen länderübergreifenden Überblick.

Museum für Asiatische Kunst

2006 fusionierten die Museen für Ostasiatische und für Indische Kunst zum Museum für Asiatische Kunst. Es ist heute im Humboldt Forum untergebracht und präsentiert (Wand-)Malereien, Skulpturen, Holzschnitte sowie ausgewählte Möbelstücke. Auch buddhistische, hinduistische und jainistische Werke sind hier zu finden – ein Besuch ist wie ein Streifzug durch die asiatische Kulturgeschichte.

Schloßplatz, Mitte, smb.museum

Vorderasiatisches Museum

Während sich das Museum für Asiatische Kunst auf Südostasien konzentriert, ist für die Kunst Südwestasiens innerhalb der Staatlichen Museen Berlin das Vorderasiatische Museum zuständig. Besonders bekannt sind die Rekonstruktionen aus dem alten Babylon wie das Ischtar-Tor und die Prozessionsstraße. Aber auch die vielen kleineren Skulpturen, Figuren und Schrifttafeln sind sehenswert.

Bodestraße, Mitte, smb.museum

Asiatische Flora

Durch den Kaukasus bis in den Hyrkanischen Wald, über den Himalaja in den Pamir: In den asiatischen Anlagen im Botanischen Garten kann man innerhalb weniger Minuten durch die Gebirgslandschaften Asiens spazieren, einen Abstecher in die anatolischen Wälder machen und die ostasiatischen Frühlingsblüher aus China und Korea bestaunen.

Königin-Luise-Straße 6–8, Lichterfelde, bgbm.org

Asiatischer Kampfsport

Ob Karate, Judo, Taekwondo oder Tai Chi – in Berlin kann man so ziemlich jede asiatische Kampfkunst erlernen. Diverse Kampfsportschulen, inzwischen aber auch so einige Sportstudios bieten Kurse für Einsteiger*innen und Fortgeschrittene an, meist auch für Kinder und Jugendliche. Die passende Ausrüstung gibt's bei AsiaSport – und hier kann man sich auch gleich zu den unterschiedlichen Vereinen und Trainingsmöglichkeiten beraten lassen.

Danziger Straße 136, Prenzlauer Berg, asiasport.de

Buddhistisches Haus

Anfang der 1920er-Jahre ließ der Arzt Paul Dahlke auf einem Waldgrundstück in Frohnau ein Haus bauen, in dem er gemeinsam mit befreundeten Buddhisten und einer Haushälterin wohnte. Diese Haushälterin ist der Grund, warum das Buddhistische Haus streng genommen kein buddhistisches Kloster war – denn in einem Kloster hätten keine Frauen leben dürfen. Trotzdem wird das Haus häufig als ältester buddhistischer Tempel Europas bezeichnet. Seit 1957 lebten hier Mönche vor allem aus Sri Lanka in einer Klostergemeinschaft, bis es 2005 zu Streitigkeiten über die künftige Ausrichtung des Hauses kam. Derzeit lebt nur noch ein Mönch in dem Haus. Die Bibliothek und Meditationsräume stehen interessierten Besucher*innen offen.

**Edelhofdamm 54, Frohnau,
das-buddhistische-haus.de**

Sino-Deco

Einen steinernen Buddhakopf gibt es ab 350 Euro, die großen goldenen Löwen kosten im Zweierpack 1.690 Euro – bei Sino-Deco findet man alles für den asiatischen Gastronomiebedarf, von Geschirr über Lampen und Möbel bis zu den großen Outdoor-Statuen in Löwen- oder Buddhaform. Auch wenn Sie selbst keinen Asia-Imbiss eröffnen – wenn Sie sich ein bisschen asiatisches Flair in die Wohnung holen wollen, sollten Sie mal in Wittenau vorbeischauen.

**Eichborndamm 294–296,
Wittenau, sino-deco.de**

ISRAEL

Rund 30.000 Israelis sollen in Berlin ihre Heimat gefunden haben, insbesondere in den letzten zwei Jahrzehnten zog es mehr und mehr israelische Bürger*innen hierher. Israelische Restaurants gehören inzwischen zum festen Inventar der Berliner Kulinarikszene. Und natürlich werden auch Lesungen, Konzerte und Ausstellungen veranstaltet.

Berta

Berta, das war der Name von Assaf Granits Großmutter mütterlicherseits. Sie war in Berlin geboren, und so war es fast zwingend, dass der israelische Sternekoch die Berliner Filiale seiner Restaurantkette – die fünfte nach Jerusalem, Tel Aviv, Paris und London – Berta nannte. Wer hier essen will, muss reservieren. Aber es lohnt sich: Auf der Speisekarte stehen traditionelle israelische Gerichte nach Familienrezept, kombiniert mit modernen Einschlägen, und das Team verbreitet aus der offenen Küche heraus verlässlich gute Stimmung!

Stresemannstraße 99, Kreuzberg,
bertarestaurant.com

DoDas Deli

Man soll sich fühlen wie auf einem Markt in Tel Aviv – das ist der Anspruch vom DoDas Deli. Mitten in Friedrichshain gibt es nicht nur eine Speisekarte mit „Tel Aviv Market Food", sondern auch eine liebevoll zusammengestellte, regelmäßig wechselnde Auswahl an israelischen Lebensmitteln. Die große Frischetheke kann man sich sogar zu Hause aufbauen lassen, denn das DoDasDeli bietet einen Catering-Service an.

Kopernikusstraße 22, Friedrichshain, dodasdeli.com

Deutsch-Israelische Gesellschaft (DIG)

Sie organisiert Lesungen, Vorträge und Diskussionsrunden, veranstaltet in Zusammenarbeit mit der Berliner Landeszentrale für politische Bildung den Israeltag und organisiert Israel-Reisen: die Deutsch-Israelische Gesellschaft für Berlin und Brandenburg. Wer sich für israelische Kultur interessiert, sollte auf der Webseite der DIG Berlin vorbeischauen.

Auguststraße 80, Mitte, digberlin.de

Israel im Jüdischen Museum

Ein Kapitel in der Dauerausstellung im Jüdischen Museum ist allein Israel gewidmet. Hier erfahren Besucher*innen mehr über die israelische Kultur und die Beziehungen zwischen Deutschland und Israel. In unregelmäßigen Abständen gibt es im Museum außerdem Sonderausstellungen und Symposien zu israelbezogenen Themen. Überhaupt ist das Jüdische Museum eines der spannendsten Ausstellungshäuser in Berlin – schon allein die Architektur ist unbedingt sehenswert!

Lindenstraße 9–14, Kreuzberg, jmberlin.de

SYRIEN

Seit 2011 herrscht in Syrien Bürgerkrieg, seitdem sind mehr als fünf Millionen Menschen aus dem Land geflohen. Über 45.000 von ihnen haben in Berlin ein neues Zuhause gefunden – und bereichern nun die hiesige Kulturszene.

Kreuzberger Himmel

Im August 2015 gründete Andreas Tolke mit anderen Menschen aus Kultur, Marketing und Journalismus den Verein Be an Angel e.V. Die Mission: geflüchtete Menschen in Berlin zu unterstützen. Was als Wohnungsvermittlung begann, wurde bald zu einer großen Organisation, die heute auch das Restaurant Kreuzberger Himmel betreibt. Hier gibt es feinste syrische Spezialitäten, im Team arbeiten Geflüchtete aus unterschiedlichen Ländern – und die werden gleichzeitig geschult, um später auch in anderen Restaurants arbeiten zu können.

Yorckstraße 89, Kreuzberg, kreuzberger-himmel.de

Aleppo-Zimmer

Die Vertäfelung aus einem Wohnhaus in Aleppo vom Beginn des 17. Jahrhunderts ist die älteste vollständig erhaltene Wandverkleidung aus dem ganzen ehemaligen osmanischen Reich. Es ist das Prunkstück des Museums für Islamische Kunst im Pergamonmuseum, ein „lebhaftes Zeugnis der multikulturellen und multireligiösen Stadtgesellschaften im Syrien des frühen 17. Jahrhunderts". Derzeit wird das Aleppo-Zimmer, wie das gesamte Pergamonmuseum, restauriert. Ab 2025 soll es dann provisorisch im Nordflügel präsentiert werden.

Bodestraße, Mitte, smb.museum

Jasmin Catering

Sie hat schon für Facebook, McKinsey und sogar die ehemalige Bundeskanzlerin Angela Merkel gekocht: Salma Al Armarchi hat gemeinsam mit ihrer Tochter Lana Zaim und ihrem Sohn Fadi Zaim die Catering-Firma Jasmin gegründet und versorgt mit ihrem Familienunternehmen große und kleine Events. Dabei verfolgt sie auch eine soziale Mission, stellt mittelalte „Newcomer"-Frauen ein, die es auf dem Jobmarkt schwer haben, und spendet übrig gebliebene Gerichte an gemeinnützige Organisationen.

Ostpreußendamm 69, Lichterfelde, jasmincatering.com

GEORGIEN

Viele Georgier*innen sind in den letzten Jahren nach Berlin gekommen, und erstaunlich viele von ihnen haben georgische Restaurants eröffnet. In Charlottenburg, in Mitte, im Prenzlauer Berg und in Kreuzberg gibt es zahlreiche Läden mit georgischer Küche. Vielleicht liegt es daran, dass der Esskultur in Georgien eine sehr wichtige Rolle zukommt – wie auch dem Wein, der vermutlich sogar eine georgische Erfindung ist.

Tbilisi

Ganz im Sinne des „Supra", der traditionellen georgischen Art zu essen, kann man im Restaurant Tbilisi schon ab zwei Personen eine bunte Mischung an unterschiedlichen Gerichten bestellen – und sich von der Vorspeise über Hauptgerichte bis zum Dessert durch eine große Auswahl mit Beilagen schlemmen. Wer lieber zielgerichtet bestellt, kann einfach ein Gericht aus der Karte auswählen – und findet da auch diverse vegetarische und vegane Optionen. Die Weinauswahl ist groß, die Atmosphäre gemütlich.

**Schönfließer Straße 15,
Prenzlauer Berg, restorani-tbilisi.de**

Weinhaus Tsinapari

„Gott schuf den Georgier und der Georgier schuf ein göttliches Getränk: den Wein." So steht es auf einem großen Schild, das neben dem Eingang zum Weinhaus Tsinapari hängt. Hier gibt es vor allem Weine aus Georgien, der Fokus liegt auf sogenannten Amphorenweinen oder Qvevriweinen, die traditionell in einem Terrakottabehälter vergoren wurden und einen ganz eigenen Geschmack haben.

Prenzlauer Allee 191, Prenzlauer Berg, tsinapari.de

Georgisch-orthodoxe Gemeinde

Im Kloster Lankwitz hat die georgisch-orthodoxe Gemeinde einen Ort für ihre Veranstaltungen gefunden. In der Krypta der Kapelle, gegenüber der alten Lankwitzer Dorfkirche, finden zweimal im Monat Gottesdienste statt. Hier treffen sich viele Georgier*innen, Gäste sind willkommen.

Alt-Lankwitz 37, Lankwitz, chemin-neuf.de

Europa oder Asien? Die Abgrenzung ist nicht so einfach, wie es sich die Griechen vor 2.500 Jahren machten. Für sie begann hinter der Ägäis und dem Schwarzen Meer das Reich der Barbaren – der Kontinent Asien. Verlängert man diese Grenze bis hinauf zum Eismeer, liegen Georgien, Armenien und Aserbaidschan in Asien. Wegen ihrer engen kulturellen und historischen Bindungen werden sie aber oft zu Europa gezählt. Wir folgen hier der gebräuchlichsten geografischen Grenzziehung, mit der Ausnahme von Zypern: Die Insel liegt vor Asien, der Staat Zypern gehört zur EU – der Nordteil der Insel aber nicht. Es ist kompliziert! Und übrigens: Eigentlich bilden Europa, Asien und Afrika eine zusammenhängende Landmasse – der Suezkanal ist keine natürliche Grenze. Vielleicht sollte man diese ganzen Abgrenzungen einfach vergessen ...

ARMENIEN

Die armenische Gemeinde in Berlin ist ziemlich groß, etwa 2.000 Menschen haben hier ihren Lebensmittelpunkt. Um die uralte Kultur des Kaukasus-Landes in Berlin bekannter zu machen und den gegenseitigen Austausch zu fördern, gibt es die Deutsch-Armenischen Kulturtage. Wer sich der armenischen Kultur lieber kulinarisch nähern möchte, wird ebenfalls fündig.

Deutsch-Armenische Kulturtage

Seit 2015 richtet der Verband der Europäischen und Armenischen Fachleute e.V. mit Unterstützung des Bezirksamts Lichtenberg jedes Jahr die Deutsch-Armenischen Kulturtage im Kulturhaus Karlshorst aus. Hier werden Tanz und Musik aufgeführt, Bilder ausgestellt und Vorträge gehalten. Vereinsziel ist „die Vertiefung der freundschaftlichen Beziehungen und des kulturellen Austauschs zwischen den beiden Völkern".

Möllendorffstraße 6, Karlshorst

Amberd

Auf der Webseite der Deutsch-Armenischen Gemeinde steht es unter „wichtige Adressen": das Amberd am Hohenzollernplatz in Wilmersdorf. Seit bald 30 Jahren bewirtet das familiengeführte Restaurant seine Kund*innen mit hausgemachten armenischen Gerichten. Neben einer großen Auswahl an Vorspeisen ist das besondere Highlight das Fleisch vom Lavasteingrill. Und wenn das von Armenier*innen sehr empfohlen wird, muss es authentisch sein!

Uhlandstraße 67, Wilmersdorf, amberd.de

IRAK

Die irakische Kultur hat in den Berliner Museen seit Langem einen Ehrenplatz – denn hier sind viele Stücke aus Babylon und umliegenden Ausgrabungsstätten zu besichtigen. Aber auch die irakische Küche ist heute in Berlin präsent.

Babylon im Pergamonmuseum

Im Pergamonmuseum findet man zahlreiche Ausstellungsstücke aus dem heutigen Irak. Die bekanntesten sind wohl das Ischtar-Tor und die Prozessionsstraße aus dem alten Babylon. Aber auch die Stiftmosaikfassaden einer Tempelanlage in Uruk, der ältesten Großstadt der Welt, und die Kunst aus Samarra nördlich von Bagdad sind einen Besuch wert.

Bodestraße, Mitte, smb.museum

Salamat

Das Salamat in der Torstraße bietet eine große Auswahl an nordirakischen Gerichten, alle verwendeten Gewürze werden direkt aus dem Irak importiert. Am besten bestellt man einfach eine der großen Mixplatten (mit oder ohne Fleisch) und probiert sich durch die vielen Beilagen und Spezialitäten. Ein Besuch bietet sich besonders zur Mittagszeit an – dann gibt es „Mittagstisch-Platten" zum Sonderpreis.

Gartenstraße 1, Mitte, salamat-restaurant.de

IRAN

Rund 10.000 Menschen mit iranischer Staatsbürgerschaft leben in Berlin. Ihre Gemeinschaft kam 2022 prominent in die Medien, als Tausende Iraner*innen Demonstrationen und Hilfsaktionen organisierten, um die Revolution der Frauen im Iran zu unterstützen.

DR & DR

Das „Culture und Food Lab" von Sahar und Forough Sahoudi soll den Berliner*innen die Kultur des Nahen Ostens nahebringen. Hier laden die promovierten Zwillingsschwestern zu privaten Essen, Kochkursen, Filmabenden und Treffen mit Künstler*innen aus dem Nahen Osten ein, für Veranstaltungen kann man außerdem ein Catering buchen. Die Schwestern verstehen ihr Projekt als Empowerment mit einer sozialen Mission – und bieten „eine einmalige Reise durch Zeit und Kultur, über Generationen hinweg".

Reichenberger Straße 116, Kreuzberg, dranddr.de

Gita Kurdpoor

Die Künstlerin Gita Kurdpoor versteht es, ihre Gefühle und Erfahrungen in abstrakte Formen zu übersetzen. Geboren im kurdischen Teil des Irans, kam sie über Minsk nach Berlin, wo sie heute lebt und arbeitet. Mit Liebe zum Detail und kräftigen Farben verziert sie Berliner Hauswände: Den Spandauer Hainleiteweg 1 ziert ihr Mural „The Metamorphosis", 2021 folgte „Blossom" in der Leopoldstraße 10 in Rummelsburg. Ihr bisher aufwendigstes Projekt lässt sich in der Oranienburger Straße in Wittenau bestaunen: Gleich vier Werke Kurdpoors beeindrucken hier mit Blautönen, scharfen Kontrasten und wilden Mustern.

AFGHANISTAN

Über 20.000 afghanische Staatsbürger*innen leben zurzeit in Berlin, viele sind erst in den letzten Jahren aus ihrem Heimatland geflüchtet. Entsprechend viele Vereine und Institutionen gibt es hier, die sich für den kulturellen Austausch einsetzen. Aber man kann die afghanische Kultur auch auf eigene Faust erkunden – zum Beispiel indem man selbst zum Kochlöffel greift.

Goethe-Institut im Exil

Das Goethe-Institut im Exil bietet allen Kunst- und Kulturschaffenden eine Plattform, die in ihren Heimatländern wegen Krieg oder Zensur nicht mehr arbeiten können. 2023 lag der Fokus auf Afghanistan, den Auftakt machte ein dreitägiges Festival – große Teile des Programms kann man auf der Webseite des Goethe-Instituts nachträglich streamen. Aber auch 2024 werden afghanische Künstler*innen im Goethe-Institut einen Raum für ihre Kunst und Kultur finden. Es lohnt also ein Blick in den Veranstaltungskalender.

Veteranenstraße 21, Mitte, goethe.de/prj/gex/de

Afghan Zamin Supermarkt

An der Hauptstraße in Schöneberg versteckt sich hinter zwei mit Obst- und Gemüsebildern beklebten Fenstern der Afghan Zamin Supermarkt. Hier findet man eine große Auswahl an persischen und afghanischen Lebensmitteln. Nur eine Tür weiter befindet sich seit einiger Zeit eine afghanische Bäckerei, in der man unter anderem das landestypische Naan-Brot frisch aus dem Ofen bekommt.

Hauptstraße 114, Schöneberg

TADSCHIKISTAN

Mehr als zwei Drittel der tadschikischen Landesfläche sind Hochgebirge, und mehr als die Hälfte davon liegt auf über 3.000 Metern. Durch die Flora dieser Berglandschaften kann man auch in Berlin wandern – in der pflanzengeographischen Abteilung des Botanischen Gartens. Wer es sich lieber drinnen mit einem heißen Getränk gemütlich macht, findet in einer Teestube ein Stück tadschikische Kultur.

Mittelasiatische Gebirge im Botanischen Garten

Der Pamir erstreckt sich von China und Kirgistan im Norden über Afghanistan und Tadschikistan bis Pakistan. In diesem Gebirge befindet sich der höchste Berg Tadschikistans – der knapp 7.500 Meter hohe Pik Ismoil Somoni. Ohne anstrengende Klettertouren lassen sich die Pflanzen der Gebirgslandschaft auch im Botanischen Garten entdecken: auf einem (fast) ebenerdigen Spaziergang durch die pflanzengeographische Abteilung Asiens.

Königin-Luise-Straße 6–8, Lichterfelde, bgbm.org

Tadshikische Teestube

Die Wände sind dunkelgrün gestrichen, die Decken mit Holz vertäfelt, bunte Teppiche und Kissen liegen vor flachen Holztischen auf dem Boden: Die traditionelle Einrichtung war 1974 Teil des Sowjetischen Pavillons auf der Leipziger Messe, ging dann als Schenkung an die Gesellschaft für Deutsch-Sowjetische Freundschaft und gehört seit 2012 der historischen tadshikischen Teestube (die sich selbst mit „sh" schreibt). Hier gibt es russische und internationale Gerichte, im Fokus stehen aber natürlich tadschikische Teespezialitäten – und die werden alle individuell nach traditionellen Vorschriften zubereitet.

Oranienburger Straße 27, Mitte, tadshikische-teestube.de

Südostasien

Kunstsammlung Süd-, Südost- und Zentralasien

In der Kunstsammlung des Museums für Asiatische Kunst findet man einige der bedeutendsten Kunstwerke aus dem indo-asiatischen Raum – die ältesten stammen aus dem 4. Jahrtausend v. Chr.! Darunter sind Wand- und Stoffmalereien, Skulpturen aus Lehm, Holz, Stein und Bronze sowie Keramik und Schmuck. Die Ausstellungsstücke gruppieren sich um das Prunkstück der Sammlung: die Rekonstruktion eines Tempels mit originalen Wandmalereien aus dem heutigen China.

Schloßplatz, Mitte, smb.museum

Südostasien-Sammlung der Staatsbibliothek

Die größte Sammlung südostasiatischer Literatur in ganz Deutschland findet man in der Staatsbibliothek zu Berlin, genauer gesagt in der Ostasienabteilung. Einen großen Teil des Bestands machen die malaiische, thailändische und vietnamesische Literatur aus, aber auch Werke aus Singapur, Brunei oder Osttimor sind hier vertreten. Daneben besitzt die Staatsbibliothek noch etwa 2.400 südostasiatischen Handschriften, sie befinden sich im Handschriftenbestand.

Potsdamer Straße 33, Mitte, staatsbibliothek-berlin.de

INDIEN

Indien wird auch „Subkontinent" genannt, und in der Tat ist die Republik Indien das siebtgrößte Land der Welt, seit Kurzem auch das bevölkerungsreichste – und kulturell enorm vielschichtig. Über 24.000 indische Staatsbürger*innen leben derzeit in Berlin – das merkt man. So kann man hier zum Beispiel einen der acht klassischen Tanzstile Indiens erlernen oder das größte Indische Filmfestival Deutschlands erleben. Gourmets sei das erste indische Restaurant in Deutschland empfohlen, das vom Guide Michelin ausgezeichnet wurde. Aber auch wer lieber selbst kocht, findet in Berlin alles, was man dazu braucht.

Saravanaa Bhavan

In fünf deutschen Städten gibt es Ableger der Saravanaa Bhavan, die sich selbst als „World's No. 1 Indian Vegetarian Restaurant Chain" bezeichnet. Das Berliner Restaurant liegt direkt am Potsdamer Platz – und seine Küche gilt unter in Berlin lebenden Inder*innen tatsächlich als authentisch. Was von außen nach einem Bürogebäude aussieht, entpuppt sich innen als gemütlicher Laden mit schicken Ledersesseln. Die Karte ist eine bunte Mischung aus nord- und südindischer Küche – und rein vegetarisch.

Potsdamer Platz 5, Mitte, saravanaabhavan.de/berlin

IndoGerman Filmweek

„Best of India & Germany" ist das Motto der IndoGerman Filmweek, die 2012 ihre Premiere erlebte. Im Babylon werden Independent-Filme „jenseits von Bollywood" gezeigt, es finden Workshops und Konzerte statt. Bis heute ist es das größte indische Filmfestival in Deutschland.

indogerman-filmweek.de

Bharatanatyam

Über 200 Jahre alt ist die Tanztradition Bharatanatyam, die ihren Ursprung am Hofe des Königs von Thanjavur, Tamilnadu hat. Dabei wird der rein rhythmische Tanz mit erzählenden, darstellerischen Elementen kombiniert, alle Bewegungen werden mit gebeugten Knien, ähnlich dem Plié im Ballett, getanzt. In Berlin werden diverse Bharatanatyam-Kurse angeboten, unter anderem an der Global Music School.

Wildenbruchstraße 80, Neukölln, global-music-school.net

Zora Supermarkt

„Internationale Lebensmittel" steht groß über dem Eingang, und in der Tat ist die Auswahl an asiatischem und afrikanischem Essen groß. In der vorderen Ecke des Ladens bekommt man indisches Street Food zu moderaten Preisen, und im Sommer kann man von einem der Tische vor dem Eingang das bunte Treiben auf dem Kottbusser Damm beobachten.

Kottbusser Damm 93, Neukölln, zorastore.de

India Club Restaurant

Als erstes indisches Restaurant in Deutschland wurde der India Club Berlin vom Guide Michelin ausgezeichnet. „Absolut authentisch indische Küche", heißt es da, ein besonderes Highlights sei „das edle Interieur mit dunklem Holz und typisch indischen Farben und Mustern". Das Team um Küchenchef Manish Bahukhandi kocht „rustic cuisine" aus Nordindien, gegart wird in traditionellen Tandoori-Öfen aus Lehm. Dabei gibt es, wie es sich gehört, kein Rind- oder Schweinefleisch, dafür viel Geflügel und Lamm – vom Bio-Bauernhof. Die Karte bietet aber auch viele vegetarische Gerichte.

Behrenstraße 72, Adlon Palais, Mitte, india-club-berlin.com

NEPAL

Bei Nepal denkt man unweigerlich ans Himalayagebirge – nicht zu Unrecht: 40 Prozent des Landes liegen über der 3.000-Meter-Marke, und somit gilt Nepal als das höchste Land der Welt. Auch der Mount Everest, mit 8.848 Metern der höchste Berg der Erde, liegt zumindest zur Hälfte in Nepal (auf Nepali heißt er Sagarmatha) – Berlins größter natürlicher Berg bringt es gerade mal auf 115 Meter.

namasté

Geschenke, Kunsthandwerk und Textilien aus aller Welt findet man im namasté – doch der Fokus liegt auf Waren aus Nepal: Von Wollmützen über Ledertaschen und bunt lackierten Lackdöschen bis hin zu Kissenbezügen aus Seide gibt es hier viel zu entdecken. Außerdem lohnt sich ein Blick in den Veranstaltungskalender, denn im namasté finden auch z.B. Klangreisen oder Feierlichkeiten zum hinduistischen Lichterfest statt.

Danckelmannstraße 21a, Charlottenburg, namaste-berlin.de

Holy Everest

Bevor Rajesh Lama das Holy Everest eröffnete, arbeitete er als Bergführer im Himalaya. Mit nach Berlin brachte er die typisch nepalesischen Rezepte seines Vaters, der Koch im Basislager des Mount Everest war. Erst verkaufte Rajesh Lama nepalesische Momos (Teigtaschen) in der Markthalle Neun, dann eröffnete er seinen eigenen Laden im Prenzlauer Berg. Auch hier stehen natürlich die traditionellen Momos auf der Speisekarte, daneben gibt's Thali, Curry und typisch nepalesische Snacks. Gekocht wird zu Ehren der Göttin Jomo Miyo Lang Sangma, die auf dem Heiligen Berg, dem Mount Everest lebt.

Gleimstraße 54, Prenzlauer Berg, holyeverest.de

CHINA

Schon im 19. Jahrhundert kamen erstmals Menschen aus China nach Berlin, im frühen 20. Jahrhundert gab es sogar ein kleines Chinatown am Schlesischen Bahnhof. Heute ist die chinesische Kultur über die ganze Stadt verstreut – in Form von Kampfkunstkursen oder mit Musikstunden, Literaturclubs und Sprachlerngruppen in Kulturzentren. Aber auch prominente Pflanzen und Tiere aus China gibt es in Berlin zu bewundern.

Panda Garden

Schon 1899 stand im Berliner Zoo ein chinesischer Musikpavillon, inspiriert von der damaligen Begeisterung der Europäer für chinesische Kultur. Im Zweiten Weltkrieg wurde er zerstört. 2016 begann dann der Aufbau des „Panda Gardens", in dem auch ein neuer Musikpavillon nahe dem originalen Platz steht. Heute kann man auf der 5.000 Quadratmeter großen Anlage unweit des Elefantentors in die Nebelwälder der chinesischen Berge reisen und natürlich die Berliner Pandafamilie beobachten – die einzigen Großen Pandas in Deutschland. Die Eltern heißen Meng Meng und Jiao Qing, die 2019 geborenen Kinder Pit und Paule.

Elefantentor, Budapester Straße/Zoo, Tiergarten, zoo-berlin.de

Chinesischer Garten

Er war der erste „Garten der Welt" in Marzahn. 1997 wurden 18 Container mit Materialien nach Berlin geschifft, um den „Garten des wiedergewonnenen Mondes" zu gestalten. Rund um den „Spiegel des Himmels", einen 4.500 Quadratmeter großen See, gibt es neben Pflanzen-, Stein- und Wassergärten viele Pavillons, Brücken und Pagoden zu entdecken. Im Teehaus Berghaus zum Osmanthussaft werden außerdem über 30 Sorten Grüner Tee angeboten und chinesische Teezeremonien durchgeführt.

Blumberger Damm 44, Marzahn, gaertenderwelt.de/welt-entdecken

Chinesisches Kulturzentrum

Im Chinesischen Kulturzentrum kann man nicht nur Kalligrafie-, Sprach- und Tanzkurse belegen, sondern auch die Wölbbrettzither Guzheng und das Brettspiel Go (Weiqi) spielen lernen, Kampfkunst trainieren und mehr über die traditionelle chinesische Küche erfahren. Die Bibliothek hält über 13.000 Bücher und Zeitschriften zur Ausleihe bereit, der Großteil davon allerdings auf Chinesisch. Und in unregelmäßigen Abständen werden Ausstellungen, Vorträge und Filmvorführungen ausgerichtet.

Klingelhöferstraße 21, Tiergarten, c-k-b.eu

Times Art Center Berlin

2018 gründete das chinesische Guangdong Times Museum das Times Art Center Berlin (TACB), eine unabhängige Non-Profit-Organisation, die für und mit Künstler*innen aus Asien arbeitet. Fünf Jahre lang hatte das TACB seinen Sitz in Mitte, organisierte dort Vorträge, Filmvorführungen, Gesprächsrunden und Ausstellungen. Der Standort wurde 2022 aufgegeben – aber das TACB besteht weiter, unterstützt Projekte asiatischer Künstler*innen und bietet diesen eine Plattform.

timesartcenter.org

Dschunke

Zwei große goldene Statuen auf massiven Sockeln stehen vor dem Eingang des Dschunke in Schmargendorf, dem ältesten China-Restaurant Berlins (angeblich). Auf der Speisekarte sind unzählige Gerichte ausgewiesen „für

China-Kenner – zubereitet nach strikt authentischen chinesischen Rezepten". Besonders lohnt sich ein Besuch unter der Woche zwischen 12 und 16 Uhr, denn das Mittagsmenü bietet große Portionen zu moderaten Preisen.

Breite Straße 15, Schmargendorf, dschunke-chinarestaurant.de

Wen Cheng

Handgezogene Nudeln sind die Spezialität des Imbisses Wen Cheng. Die sogenannten Biang-Biang-Nudeln sind lang und dick und werden hier mit frischen Gewürzen, Kräutern und hausgemachter Chilisauce serviert, dazu gibt es Fleisch, Tofu oder Gemüse. Spätestens seit der Auszeichnung als „Kiezmeister" durch die Berliner Meisterköche ist Wen Cheng kein Geheimtipp mehr (im Sommer 2022 hat sogar eine zweite Location eröffnet), doch authentisch wirkt der Imbiss immer noch.

Schönhauser Allee 10 und 65, Prenzlauer Berg, wenchengnoodles.de

Tibetisch-Buddhistisches Zentrum

Es ist zwar seit 1959 ein Teil der Volksrepublik China, kulturell aber hat das traditionelle Tibet nichts mit den anderen Regionen Chinas gemein. Zentral ist der tibetische Buddhismus, Vajrayana genannt, der nach außen repräsentiert wird vom Dalai Lama. Das Tibetisch-Buddhistische Zentrum bietet Meditationskurse, Abendvorträge und tibetischen Sprachunterricht an. Außerdem arbeitet es im Bereich der Seelsorge und ist in der Flüchtlingshilfe für Nonnen, Mönche und Kinder in Tibet aktiv.

Habsburgerstraße 10, Schöneberg, tibetzentrum-berlin.de

TAIWAN

Mit 36.000 Quadratkilometern ist Taiwan nur etwas größer als Baden-Württemberg – und wirtschaftlich ähnlich erfolgreich und innovativ. Fast 80 Prozent aller Notebooks und Motherboards weltweit kommen aus dem demokratischen Inselstaat. Über der Zukunft hängt allerdings wie ein Damoklesschwert die Forderung aus Beijing, Taiwan müsse ein Teil der Volksrepublik China werden. Nach dem chinesischen Bürgerkrieg war die unterlegene Partei um Tschiang Kai-shek 1949 auf die Insel geflohen und hatte hier die „Republik China" gegründet. Deshalb wird der Staat diplomatisch nur von wenigen anderen anerkannt und international oft nach der Hauptstadt „China Taipeh" genannt. Erstaunlicherweise gibt es keine bekannten Marken aus Taiwan, dafür aber ein internationales Trend-Getränk.

Dosha Tea House

Sie waren mal ziemlich in Mode, verschwanden dann einer nach dem anderen – und sind jetzt wieder da: die vielen Läden mit den bunten Bubble Teas. Das taiwanesische Getränk wird traditionell auf Basis von grünem und schwarzem Tee zubereitet, dazu kommen „Popping Bobas" oder Tapioka-Kügelchen, die platzen, wenn man draufbeißt. Inzwischen gibt es eine bunte Mischung an Bubble-Tea-Läden, von kleinen Kiosken in U-Bahnhöfen bis hin zu großen Cafés. Besonders zu empfehlen ist das Dosha Tea House – denn hier gibt es neben dem Bubble-Tea nicht nur traditionell zubereiteten, hochwertigen taiwanesischen Tee (wahlweise nachhaltig in Glasflaschen zum Mitnehmen), sondern auch täglich frisch gebackene taiwanesische Waffeln mit unterschiedlichen Füllungen.

Boxhagener Straße 65, Friedrichshain, doshateehaus.com

HoHaiYan

Mit vollem Namen heißt er HoHaiYan Künstlerverein zur Förderung von Musik und Darstellender Kunst aus Taiwan e.V. – „Ho Hai Yan" bedeutet Willkommen! Der Verein setzt sich für den Kulturaustausch zwischen Deutschland und Taiwan ein und veranstaltet bundesweit Konzerte, von klassischer Kammermusik über Jazz bis zu „Welt-Fusion". Zahlreiche Konzerte finden in Berlin statt, z.B. in der Philharmonie. Über aktuelle Veranstaltungen informiert der Verein auf seiner Webseite. **hohaiyan-arts.com**

Es ist schon praktisch in der Westhälfte Europas: Auch wenn wir eine Sprache nicht kennen, können wir ihre Wörter im Prinzip aussprechen – weil wir die (lateinischen) Buchstaben kennen. Mit Kyrillisch und Griechisch kommen wir sogar durch ganz Europa. In Süd- und Ostasien ist das anders: Chinesisch, Japanisch, Koreanisch, Mongolisch, Thailändisch, Birmanisch, Khmer, Laotisch, Tibetisch, die indischen Sprachen – sie alle werden in jeweils eigenen Schriften geschrieben. Laut The World's Writing Systems, einem Projekt, das sich für die Erfassung von Schriften einsetzt, gibt es fast 300 Schriftsysteme weltweit, rund 160 von ihnen sind bislang computertauglich kodiert.

MONGOLEI

Sie ist das am dünnsten besiedelte Land der Welt: Nur 3,3 Millionen Einwohner verteilen sich auf eine Fläche von über 1,5 Millionen Quadratkilometer – das heißt weniger Menschen als in Berlin leben auf einer Fläche, die viermal so groß ist wie ganz Deutschland. Die DDR pflegte enge Beziehungen zur Mongolei, in vielen mongolischen Schulen wurde Deutsch unterrichtet. Doch in Berlin muss man lange suchen, um mongolische Orte zu finden. Deshalb führt uns unsere Reise auch über die südliche Stadtgrenze.

Bayangol-Park

Warum ein Park in der Flughafen-Gemeinde Schönefeld einen mongolischen Namen trägt? Ganz einfach: Zwischen Bayangol, dem größten Stadtbezirk der Hauptstadt Ullaanbaatar, und Schönefeld besteht eine Partnerschaft. Noch dient die große Grünfläche nur der Entspannung, bald soll sie aber auch für mongolisch-deutsche Freundschaftstreffen und andere Veranstaltungen genutzt werden.

Großziethener Weg, Schönefeld

Royal Garden

Ein mongolisches Restaurant gibt es in Berlin nicht, doch immerhin bietet das Royal Garden in Lichterfelde täglich (unter der Woche abends, am Wochenende auch mittags) ein „mongolisches Büfett" mit einer großen Auswahl an Fleisch, Fisch und Gemüse – und hat einen ganz besonderen Anspruch an die eigene Gastfreundlichkeit: Weil das Restaurant dem Kaiser Qin gewidmet ist, sollen sich Gäste hier nicht nur wie Könige, sondern wie Kaiser fühlen!

Osdorfer Straße 26, Steglitz, royal-china.de

New Nomads

Jurten, so heißen die Zelte der Nomaden, die über die riesigen Grassteppen der Mongolei ziehen. Ein großes rundes Holzgerüst, bedeckt von Baumwolle, Filz und Tüchern, in der Mitte ein kleiner Herd mit Ofenrohr – dieses Gebilde wird von den nomadischen Familien innerhalb kürzester Zeit ab- und aufgebaut und oft kilometerweit durch die Landschaft transportiert. Die Jurten der Pension New Nomads in Zesch am See dagegen müssen von Besucher*innen nicht erst aufgebaut werden. Sie sind gut isoliert und gemütlich mit Holzbetten und traditionellen Jurtemöbeln inklusive Ofen eingerichtet, sodass man hier im Sommer wie im Winter übernachten kann. Die New Nomads liegen zwar eine knappe Stunde von Berlin, südlich von Zossen – aber für eine Reise in die Mongolei ist das kein langer Weg!

Tomatensteg 1, Zesch am See, gasthof-new-nomads.de

SÜDKOREA

Spätestens seitdem Korean BBQ in Foodguides beworben wird und K-Pop-Bands wie BTS in aller Munde sind, begeistern sich auch die Berliner*innen immer mehr für südkoreanische Kultur. Dabei ist die hier schon vor Jahrzehnten angekommen: 1989 eröffnete das angeblich erste koreanische Restaurant in Berlin, das koreanische Kulturzentrum fördert seit 1994 koreanische Kultur in Deutschland, im Jahr 2006 wurde der Koreanische Garten angelegt, und die JStore-Läden bieten immerhin seit rund zehn Jahren eine Anlaufstelle für koreanische Popkultur. In Berlin reist es sich ganz einfach nach Korea – allerdings nur in den Süden des durch eine Mauer geteilten Landes. Nordkorea machte allein dadurch in Berlin Schlagzeilen, dass das halbe Botschaftsgebäude jahrelang rechtswidrig an ein Hostel vermietet war. Das ist seit 2020 geschlossen.

Korean Cultural Center

Seit rund 20 Jahren bietet es alles, was ein Kulturzentrum bieten kann: Konzerte, Ausstellungen, Sprachkurse und eine große Bibliothek. Im Koreanischen Kulturzentrum gibt es viel zu erleben – sogar eine K-Pop Academy für Tanz und Gesang hat das Center ins Leben gerufen! Wer mehr über Korea lernen möchte, wird hier fündig.

**Leipziger Platz 3, Mitte,
germany.korean-culture.org/de**

Koreanischer Garten

Er war ein Geschenk der Hauptstadt Seoul an Berlin: der koreanische Garten in den Gärten der Welt. Vier Höfe laden zum Entdecken ein, präsentieren abstrakte Holzfiguren und Totempfähle inmitten von typisch koreanischer Flora. Sie beruhen auf den drei Glaubensrichtungen, die in Korea am

Weitesten verbreitet sind: dem Buddhismus, den Lehren des Konfuzius und dem Schamanismus.

Blumberger Damm 44, Marzahn, gaertenderwelt.de/welt-entdecken

Seoulstation Berlin by JStore

In der Seoulstation findet man alles rund um K-Pop: Alben, Merchandise, koreanisch inspirierte Mode, sogar Kochboxen hat diese Filiale des JStore im Angebot. Ein Paradies für K-Pop-Fans – und ein Erlebnis für alle, die in der Welt des global gefeierten koreanischen Pop nicht zu Hause sind.

Kantstraße 125, Charlottenburg, seoulstation.berlin

Seoul Kwan

1989 gründete der „Gastarbeiter Herr Lee", wie es auf der Homepage heißt, in Steglitz ein koreanisches Restaurant – weil er die Küche und Kultur aus seiner Heimat vermisste. Heute ist das Seoul Kwan das angeblich älteste koreanische Restaurant Berlins, und hier haben schon koreanische Stars und Politiker*innen gegessen. Auf der Speisekarte stehen ausschließlich traditionelle Gerichte, zubereitet nach eigenen Familienrezepten. Ein echter Geheimtipp!

Schmiljanstraße 25, Steglitz, seoul-kwan.de

JAPAN

Über 40.000 Japaner*innen leben heute in Deutschland, um die 4.000 von ihnen in Berlin. Kein Wunder also, dass man an jeder zweiten Ecke eine Sushi-Bar findet. Aber es gibt auch viele andere Orte, die japanisches Lebensgefühl versprühen, wo man es nicht unbedingt erwartet – darunter auch einige „japankulturelle" Pioniere. Dabei pflegten Deutschland und Japan fast immer eine enge Beziehung – bis hin zur Allianz im Zweiten Weltkrieg. Klassische Musik gerade aus Deutschland ist in Japan sehr populär. Und viele junge Deutsche sind fasziniert von japanischen Comics, den Mangas.

Samurai Museum

„Es ist ein Museum zum Staunen", schrieb die Berliner Morgenpost, als Peter Janssen 2022 das Samurai Museum in Mitte eröffnete. Unter dem Motto „Geschichte trifft auf Hightech" werden in der Dauerausstellung über tausend Objekte der authentischen Samurai-Kunst gezeigt, multimediale Installationen und Medienstationen begleiten die Sammlung und erwecken die Kultur der japanischen Krieger zum Leben – „interaktiv und innovativ". Das Museum ist bis auf eine Installation barrierefrei zugängig.

Auguststraße 68, Mitte, samuraimuseum.de

Mori-Ôgai-Gedenkstätte

Mori Ôgai genießt bei Japanern einen Status wie Goethe – er gilt als einer der Begründer der modernen japanischen Literatur. Als Übersetzer Goethes und anderer ins Japanische war er außerdem ein wichtiger Brückenbauer. 1887/88 wohnte er in Berlin; seine erste Berliner Unterkunft, in der Luisenstraße, wurde 1984 als Gedenkstätte eingeweiht und wird heute vom Zentrum für Sprache und Kultur Japans an der Humboldt-Universität unterhalten. Hinter der Wohnungstür im ersten Stock verbirgt sich eine Mischung aus japanischer Einrichtung, Büro, Kursraum, Bibliothek und Museum. Hier finden sich Vitrinen mit japanischen „Faust"-Ausgaben und Ôgai-Autografen, Texttafeln zu seinem Leben, Kalligrafie an den Wänden – und ein Gästebuch voller japanischer Einträge.

Luisenstraße 39, Mitte

Japanisch-Deutsches Zentrum

1985 gegründet, fördert die Stiftung den japanisch-deutschen Austausch, organisiert wissenschaftliche Konferenzen, Austauschprogramme, Sprachkurse und ein Kulturprogramm, zu dem unter anderem Ausstellungen, Konzerte, Filmvorführungen und Kalligrafiekurse gehören. In der Bibliothek des Zentrums, das am U-Bahnhof Oskar-Helene-Heim seinen Sitz hat, stehen außerdem 13.000 Titel „über alles, was mit Japan zu tun hat", zur Ausleihe bereit – auf Deutsch, Japanisch und Englisch. Die Ausleihe ist kostenlos.

Saargemünder Straße 2, Dahlem, jdzb.de

Kirschblütenalleen

Über 9.000 Kirschbäume wurden Anfang der 90er-Jahre in Deutschland gepflanzt. Zur Wiedervereinigung hatte der japanische Fernsehsender TV-Asahi eine Spendenaktion ins Leben gerufen, um die Bäume nach Deutschland zu bringen – denn die sind in Japan ein Symbol für den Frieden und die Ankunft des Frühlings. Viele der Bäume wurden dort gepflanzt, wo die Mauer gestanden hatte, im ehemaligen Todesstreifen zwischen Prenzlauer Berg und Wedding oder auf dem ehemaligen Grenzstreifen zwischen Treptow und Neukölln. Die mit Abstand längste Kirschblütenallee aber steht am südlichen Stadtrand: Über tausend Bäume findet man in der sogenannten TV-Asahi-Allee auf dem Mauerweg in Lichterfelde Süd. Hier wird auch jährlich das Kirschblütenfest Hanami gefeiert.

Kirschblütenpfad, Norwegerstraße, Prenzlauer Berg
Kirschblüten am Landwehrkanal, Lohmühlenstraße, Treptow
TV-Asahi-Kirschblütenallee, Mauerweg, Lichterfelde/Teltow

Weltfriedensglocke

Ein japanisch anmutender Tempel steht am Ufer des Schwanenteichs im Volkspark Friedrichshain, darin hängt eine große Glocke mit der Aufschrift „Frieden" – auf Deutsch und auf Japanisch. Sie erinnert, wie über 20 Glocken in unterschiedlichen Ländern weltweit, an die Opfer der Atombombenabwürfe von Hiroshima und Nagasaki 1945. Initiiert wurde die Installation der sogenannten Weltfriedensglocken von Chiyoji Nakagawa, der selbst einen Atombombenangriff in Japan überlebte. An der Glocke in Berlin wird jedes Jahr am 6. August der Opfer des Atombombenabwurfs auf Hiroshima gedacht.

Volkspark Friedrichshain

Tori-Katsu

„Wir kochen mit Liebe", verspricht das Schild des Tori-Katsu, und: „Seit 1968 weltweit der erste Japan-Imbiss". In der Speisekarte werden sogar 10.000 Euro Belohnung ausgelobt, wenn jemand beweisen kann, dass vor Gründung des Tori-Katsu schon einmal ein „Japan-Imbiss" in ein Handelsregister aufgenommen wurde – Nachweis nur mit amtlich beglaubigter Kopie. Die Spezialität dieses geschichtsträchtigen Ortes ist das Katsu, ein japanisches paniertes Schnitzel mit Hähnchenfleisch, das es hier mit allen nur denkbaren Saucen gibt – zu günstigen Preisen!

Winterfeldtstraße 7, Schöneberg

893 Ryōtei

An der Ecke zur Schlüterstraße steht in der Kantstraße ein unscheinbarer 60er-Jahre-Bau mit grau-weißer Fassade. Im Erdgeschoss war früher eine Schlecker-Filiale, heute ist die verspiegelte Fensterfront fast vollständig von Graffiti bedeckt. Nur ein kleines Schild über der Tür weist auf das Restaurant hin, das sich dahinter verbirgt: 893 料亭, das japanische Zeichen für „Ryōtei". Das steht für edle, traditionelle Küche, zu der die moderne Inneneinrichtung des Ladens einen deutlichen Kontrast bildet. Der Inhaber ist The Duc Ngo, der schon mit Anfang Zwanzig für seine gastronomischen Innovationen bekannt wurde und 2023 für den „Berliner Meisterkoch" nominiert war. Im Ryōtei verbindet er traditionelle japanische Küche mit südamerikanischen Einflüssen – nicht gerade günstig, aber ein besonderes Erlebnis. **Kantstraße 135/136, Charlottenburg, 893ryotei.de**

MyConbini

„Conbini", das ist japanisch und bedeutet so etwas wie Gemischtwarenladen. Tatsächlich gibt es in dem kleinen Laden, der in japanischem Stil ganz minimalistisch gestaltet ist, eine bunte Mischung aus Lebensmitteln, Haushaltswaren und Geschenkartikeln zu kaufen. Ein großer Teil der Produkte ist ausschließlich japanisch beschriftet – wer die Sprache nicht versteht, kann sich aber unkompliziert vom freundlichen Team beraten lassen.

Torstraße 18, Mitte, myconbini.de

Manga & Entertainment Expo

Japanische Mangas machen den größten Teil des weltweiten Comicmarktes aus und werden auch in Deutschland und Berlin groß gefeiert – zum Beispiel auf der MEX, der Manga & Entertainment Expo. Anime und Manga Conventions gab es in Berlin seit 2004 schon viele. Aber die MEX präsentiert seit 2019 nun auch Gaststars und ein großes Bühnenprogramm mit Manga-Autor*innen, Synchronsprecher*innen und Musiker*innen. Für alle Cosplayer*innen gibt es außerdem einen Garten als perfekte Szenerie für Fotoshootings. **mex-berlin.de**

VIETNAM

Über 26.000 Vietnames*innen leben in Berlin – viele von ihnen sind schon während der deutschen Teilung als Gastarbeiter*innen in die DDR gekommen. Ein großer Teil der vietnamesischen Gemeinde wohnt in Lichtenberg, wo mit dem Don Xuan Center eine Art „Klein-Vietnam" entstanden ist und sich in der Musikschule das Hanoi-Ensemble Berlin gegründet hat.

Dong Xuan Center

Berlin hat keine Chinatown, aber ein vietnamesisches Handelszentrum, in dem man meinen könnte, in Fernost zu sein. Dong Xuan Center heißt es, zu Deutsch Blühende Wiese – nach der größten Markthalle in Vietnams Hauptstadt Hanoi –, und es ist das größte seiner Art in Europa. Das Center befindet sich auf dem Gelände des einstigen VEB Elektrokohle Lichtenberg.

Herzbergstraße 128–139, Lichtenberg, dong-xuan-berlin.de

Linh-Thúu-Pagode

„Pagode" ist das vietnamesische Wort für Tempel – und dass es sich wirklich um einen Tempel handelt, wird spätestens klar, wenn man vor der Linh-Thúu-Pagode steht. Hier, mitten im Spandauer Gewerbegebiet, hat die vietnamesisch-buddhistische Gemeinschaft Berlin ihr Zuhause. Sobald man durch das große Tor in den Garten tritt, fühlt man sich nicht mehr wie in Berlin, und spätestens in den eindrucksvoll dekorierten Räumen vergisst man komplett, wo man eigentlich ist. Die Pagode kann auch von Nicht-Buddhist*innen besichtigt werden, Spenden sind im Gegenzug gern gesehen.

Heidereuterstraße 30, Spandau, linhthuu.de

Musikschule Lichtenberg

Die Welt der Musik ist unermesslich vielfältig. An der Schostakowitsch-Musikschule Lichtenberg kann man typische vietnamesische Instrumente wie Dàn Tranh (Wölbbrettzither), Dàn Bâu (Monochord oder Kastenzither), T'rung (Bambusxylophon) oder Sáo Trúc (Bambusflöte) lernen. Bereits seit dem Jahr 2000 machen Musiklehrer*innen und -schüler*innen gemeinsam als Hanoi-Ensemble klassische und populäre vietnamesische Musik und geben regelmäßig Konzerte.

Paul-Junius-Straße 71, Lichtenberg
schostakowitsch-musikschule.de

THAILAND

Thailand, das ist für viele vor allem ein beliebtes Fernreiseziel, an dem man den ganzen Tag in der Sonne an herrlichstem Strand liegen kann. Dabei ist Thailand auch eine alte Kulturnation – und inzwischen auch eine Wirtschaftsmacht. In Berlin entdeckt man thailändische Kultur vor allem in unzähligen Restaurants und Imbissen, aber auch auf dem legendären Thaipark, der allen Widrigkeiten zum Trotz immer noch existiert.

Thaipark

Schon vor rund 30 Jahren kamen die ersten Berliner*innen aus Vietnam, den Philippinen, Malaysia und vor allem Thailand im Preußenpark in Wilmersdorf zusammen, um zu kochen und sich auszutauschen. Das Happening auf der Wiese wurde immer größer und beliebter auch bei Nicht-Asiat*innen und entwickelte sich vom Geheimtipp zur bekannten Touristenattraktion. Das Problem ist nur: Es gab und gibt keine Genehmigung für den Markt. Immer wieder preschten Bezirkspolitiker*innen vor, die aus unterschiedlichen Gründen den Mark schließen lassen wollten. Ein ums andere Mal konnte sich die Institution retten, die inzwischen sogar einen offiziellen Internetauftritt hat. Im Moment gilt der Markt als gesichert, aber das kann sich im nächsten Jahr schon wieder ändern. Solange aber kann man in den warmen Monaten freitags, samstags und sonntags tagsüber an den vielen Ständen vorbeischlendern, sich durch Streetfood probieren und manchmal auch Konzerte mit thailändischer Musik erleben.

Brandenburgische Straße, Wilmersdorf, thaipark.de

Sida Thai

Nur wenige Meter von der belebten Schloßstraße, direkt hinter einem Sushiladen, versteckt sich das Sida Thai. Das Restaurant ist eines der ältesten Thai-Restaurants Berlins und serviert seit über 40 Jahren traditionelle thailändische Gerichte – natürlich alles hausgemacht! Hier sitzt man unter nachgebauten Fassaden, die an thailändische Tempel erinnern, und kann sich so ans andere Ende der Welt träumen.

Ahornstraße 32, Steglitz, sida-thai.eatbu.com

un.thai.tled

Eine Gruppe thailändischer Künstler*innen in Berlin hat sich in un.thai.tled zusammengetan, um die soziokulturellen Verbindungen zwischen Deutschland und Thailand zu stärken. Gemeinsam richten sie Diskussionen, Ausstellungen, Filmabende und andere Kulturveranstaltungen aus, organisieren Austauschprogramme und Workshops und bieten die Möglichkeit zur Kommunikation. Am besten informiert man sich auf den Social-Media-Plattformen Instagram und Facebook über das aktuelle Angebot – da ist man immer auf dem neuesten Stand.

unthaitled.org

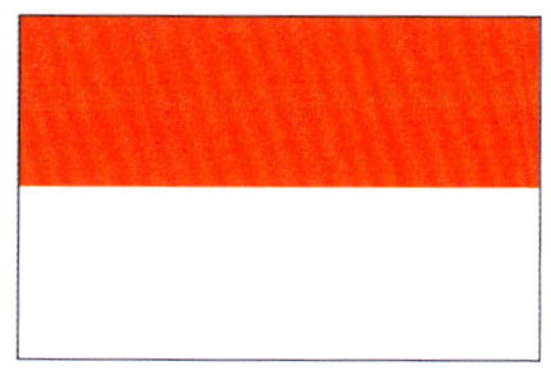

INDONESIEN

22.000 Indonesier*innen leben zurzeit in Deutschland – das sind etwas mehr, als das riesige Land Inseln zählt. Mit 274 Millionen Einwohner*innen ist Indonesien das viertbevölkerungsreichste Land der Welt – und hat viel mehr zu bieten als schöne Strände auf Bali. Der Name Indonesien ist übrigens, analog zu Polynesien oder Melanesien, die Wortschöpfung des damaligen Direktors des Völkerkundemuseums in Berlin, Adolf Bastian, und heißt soviel wie indische Inselwelt. Bis 1945/49 hieß das Land (als Kolonie) Niederländisch-Indien.

Indomarkt

Die indonesische Flagge hängt direkt über der Tür des Indomarkts auf der Reinickendorfer Straße, nur wenige Minuten vom S- und U-Bahnhof Wedding entfernt. Hier gibt es indonesische Lebensmittel, Geschenkartikel und auch Haushaltswaren zu kaufen, zum Beispiel die leckeren Karangsari-Erdnusssaucen oder Krupuk, die sogenannten Krabbenchips.

Reinickendorfer Straße 118, Wedding

Haus der Indonesischen Kulturen

Indonesische Sprachkurse, Musikgruppen, Diskussionsrunden, Workshops und Kulturveranstaltungen – all das bietet das Rumah Budaya Indonesia, das Haus der Indonesischen Kulturen in Berlin, unter seinem Dach. Im meist zweiwöchig erscheinenden Newsletter informiert das Kulturhaus über aktuelle Veranstaltungen und Kurse, anmelden kann man sich unkompliziert über Facebook oder Instagram. Das Haus gehört zur Indonesischen Botschaft in Berlin.

Theodor-Francke-Straße 11, Tempelhof

Balinesischer Garten

Für ein harmonisches Leben auf der Erde müssen sie miteinander in Einklang kommen: die Dämonen, die Götter und die Menschen. Deshalb heißt der Balinesische Garten in den Gärten der Welt Tri Hita Karana, zu Deutsch: Garten der drei Harmonien. Man findet ihn in der Tropenhalle, hier dominieren Urwald und tropische Pflanzen rund um einen Wohnhof mit Tempelanlage. Die wird von der balinesischen Gemeinde in Berlin tatsächlich genutzt, um ihre Religion zu praktizieren und Opfergaben zu bringen.

Blumberger Damm 44, Marzahn, gaertenderwelt.de/welt-entdecken

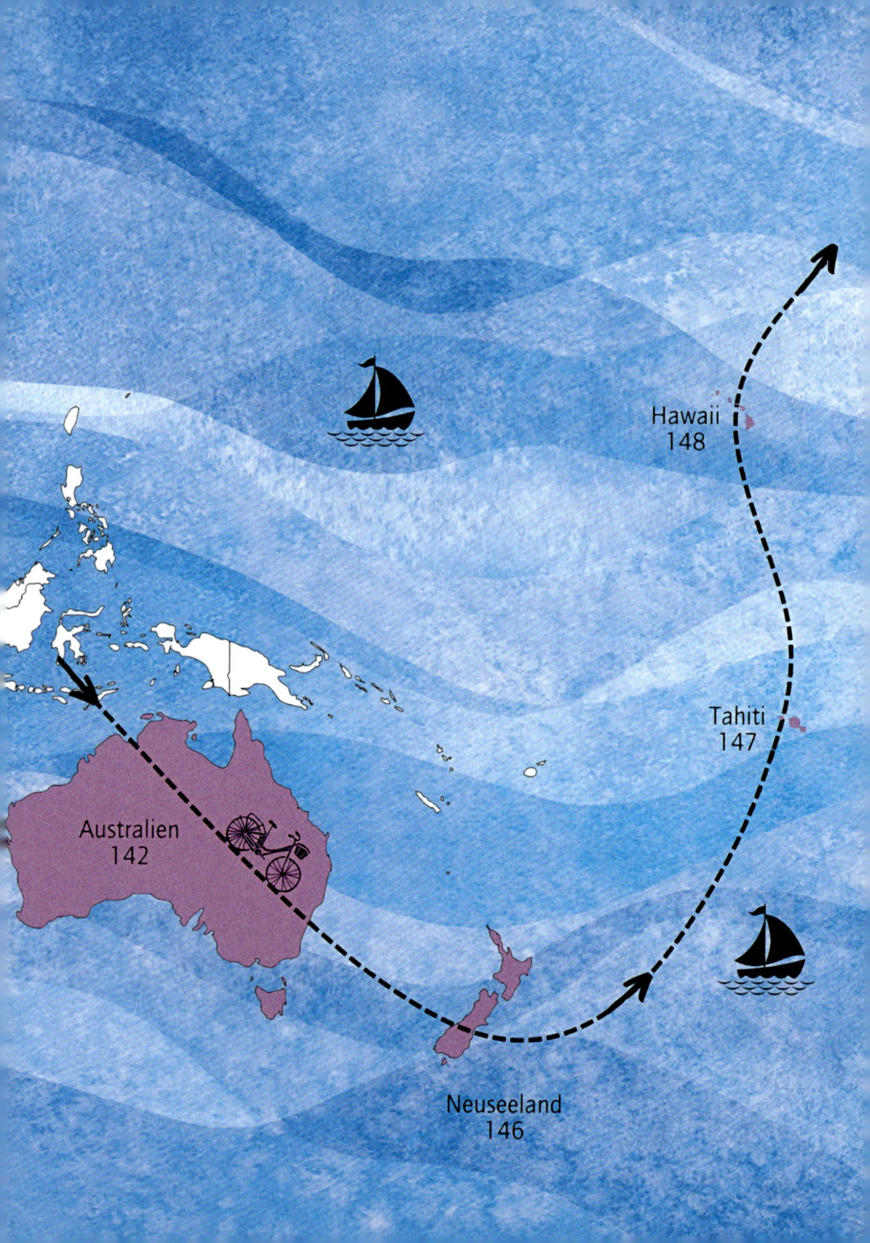
Hawaii
148
Tahiti
147
Australien
142
Neuseeland
146

AUSTRALIEN UND OZEANIEN

Wer sich Australien anschauen will, muss Zeit mitbringen. Allein die Anreise dauert von Berlin aus mindestens 19 Stunden (bis Perth), 23 sind es sogar bis Sydney. Und auch das Land selbst ist immerhin 21 mal so groß wie Deutschland – wer alle Ecken besuchen will, sollte sich länger Urlaub nehmen. Und erst recht für Ozeanien, das riesige Gebiet im Südpazifik, das sich über eine Fläche erstreckt, die viermal so groß ist wie Russland.
Wie gut, dass es Berlin gibt! Hier kann man sich zumindest einen ersten Überblick verschaffen über die Kulturen Australiens, Neuseelands und der Südsee-Inselwelt – und in manche Aspekte auch tief eintauchen.
Schauen wir zunächst, was die Weltregion insgesamt zu bieten hat, die den Kontinent (und Staat) Australien, Neuseeland sowie 13 unabhängige Inselstaaten und noch immer einige „abhängige Gebiete", früher hätte man in den meisten Fällen Kolonien gesagt, umfasst.

Down Under Berlin

Die Australier*innen und Neuseeländer*innen haben einen riesigen Vorteil: Sie sprechen Englisch – ihre Filme und Bücher müssen nicht erst übersetzt werden, um weltweit wahrgenommen zu werden. Dennoch sieht man hierzulande selten australische oder neuseeländische Filme im Kino. Das Down Under Filmfestival will das ändern und bringt deshalb seit 2011 jedes Jahr im Oktober Filme von der anderen Seite der Weltkugel ins Moviemento, eines der ältesten unabhängigen Kinos in Berlin. Am Ende jedes Festivals werden die Publikumsfavoriten in den Kategorien „Best Film" und „Best Short Film" ausgezeichnet.

Moviemento, Kottbusser Damm 22, Kreuzberg, downunderberlin.de

Botanischer Garten

Australien ist im Botanischen Garten ein eigenes Gewächshaus gewidmet: Haus M. Doch auch unter den fleischfressenden Pflanzen in Haus L findet man einige Exemplare aus Australien und Neuseeland. Wer immer schon

mal einen Eukalyptusbaum, Grasbaumgewächse oder einen neuseeländischen Karaka-Baum mit seinen gummiartigen, dunkelgrünen Blättern sehen wollte, ist hier richtig.

Königin-Luise-Straße 6–8, Lichterfelde, bgbm.org

Ozeanien im Humboldt Forum

Zehn Meter lang und drei Meter breit waren die Doppelrumpf-Segelboote, mit denen die Polynesier einst im Ost-Pazifik unterwegs waren. Eine sogenannte Drua ist im Bereich „Ozeanien" des Humboldt Forums zu sehen. Sie wurde auf den Fidschi-Inseln nach traditioneller Art gebaut, in Einzelteilen verschifft und 2022 in Berlin von fidschianischen Bootsbauern wieder zusammengesetzt. Die ozenanische Abteilung des Humboldt Forums ist unbedingt sehenswert. Zu bewundern sind u.a. fünf weitere Boote, traditionelle Kleidung und zeremonielle Gegenstände vor allem aus Samoa von Fidschi und als besondere Highlights ein kunstvoll dekoriertes Versammlungshaus aus Palau aus dem Jahr 1907 und das Kulthaus der Abelam aus Papua-Neuguinea.

Schloßplatz 1, Mitte, smb.museum

Neun Zahlen und die Null – damit kann man eine ganze Welt erschaffen. Dass man auch anders – sinnvoll – zählen kann, können wir uns gar nicht vorstellen. Aber es geht! Einige Sprachgruppen im Süden Papua-Neuguineas benutzen ein Sechser-System: Es gibt Zahlen von eins bis sechs. Sieben wird in Worten ausgedrückt als sechs und eins, zwölf ist: zweimal sechs, 17 also: zweimal sechs und fünf. Beim Wort hundert wird's dann richtig kompliziert. Aber: Die sprachlichen Ankerpunkte für höhere Zahlen sind in der Komnzo-Sprache die Sechserpotenzen. Sechs hoch vier heißt bei uns: tausendzweihundertsechsundneunzig. Da staunt der Komnzo-Sprecher. Denn der sagt schlicht: damno. (Infos vom Leibniz-Zentrum für Allgemeine Sprachwissenschaft.)

AUSTRALIEN

Der sechstgrößte Staat der Erde besticht durch Regionen mit beinahe unberührter Natur, durch 60.000 Kilometer Küstenlinie mit knapp 12.000 Stränden, den ältesten Regenwald der Welt und gigantische Wüsten. Australien vereint die endlosen Weiten des Outbacks mit modernem, urbanem, europäisch-amerikanisch geprägtem Leben in Metropolen wie Sydney, Melbourne oder Perth. Teile dieses Lebensgefühls gibt es in Berlin zu entdecken. Auch die Kultur der Aborigines, der Ureinwohner des Kontinents, kann man hier kennenlernen.

Australia Shopping World & Blundstone Shop Berlin

Shoppen wie in Australien! Von australischen Boots, Filz- und Strohhüten über Bücher aus und über Neuseeland und Australien bis hin zu Kunst im Stil der Ureinwohner*innen oder Samen australischer und neuseeländischer Pflanzen – was es in Australien gibt, gibt es auch hier zu kaufen. Der Laden versteht sich als waschechtes Australien-Erlebnis, ein kleines Stück Down Under „für Australier, die in Deutschland und Europa leben", und „für Europäer, die Australien lieben".

Neue Grünstraße 9, Mitte,
australiashopping.de

Smiling Kangaroohs

Mit einer großen Auswahl an internationalen Weinen lockt Smiling Kangaroohs seit 2004. Der familiengeführte Laden vertreibt mittlerweile zwar auch ausgewählte Weine aus Europa und Deutschland, ist aber spezialisiert auf solche aus Australien und Neuseeland, Südafrika, Chile und Amerika.

Goltzstraße 45, Schöneberg, smilingkangaroohs.de

Michael Reid Berlin

Sie gilt als die wichtigste Galerie für australische Kunst in Mitteleuropa, nach eigenen Angaben ist sie sogar die einzige australische Galerie mit einer Filiale in Europa: Seit 2013 stellt Michael Reid Berlin australische Fotografie, Malerei und Skulptur aus, wobei ein Schwerpunkt auf der Kunst der Aborigines, der „First Nations", liegt.

Ackerstraße 163, Mitte, michaelreid.com.au/berlin

Australisches Gartenkabinett

Rote Erde, niedrige Bodenpflanzen und „verbrannte Erde" – ein Gang durchs australische Gartenkabinett in den Gärten der Welt ist fast wie eine Reise durch den Outback. Die stellenweise schwarze Erde und die verkohlten Pfähle zeugen vom „Fire Stick Farming". Das kontrollierte Abbrennen wird schon seit Tausenden von Jahren von den Aborigines praktiziert, um Böden fruchtbar zu erhalten und zu beleben.

Blumberger Damm 44, Marzahn, gaertenderwelt.de/welt-entdecken

Australische Tierwelt

Emus, Koalas, Kängurus – es gibt viele Tiere, die in der freien Wildbahn nur in Australien leben. Einige von ihnen kann man im Berlin Zoo kennenlernen: Hier leben zum Beispiel Emus, diverse australische Vögel und Rote Riesenkängurus – die haben übrigens erst 2022 Nachwuchs bekommen.

Hardenbergplatz 8, Tiergarten, zoo-berlin.de

Kunst des indigenen Australiens

Seit Jahrtausenden bereits schaffen die indigenen Völker Australiens Kunstwerke, die sich durch ihre Vergänglichkeit auszeichnen. Im Humboldt Forum sind Werke von Freddy West Tjakamarra und George Tjungurrayi ausgestellt. Sie gehören zur Künstlergruppe Papunya Tula, die sich in den 70er-Jahren im Norden Australiens zusammenfand und das Dot-Painting erfand. Dabei werden farbige Punkte in feine Linien gesetzt, um verschiedene Muster zu erschaffen. So entstand eine dauerhafte Form der Kunst, die ihren Weg in Museen in aller Welt gefunden hat.

Schloßplatz, Mitte, smb.museum

Didgeridoo Berlin

Wer sich musikalisch auf die Spuren der australischen Ureinwohner*innen begeben möchte, kann dies in Neukölln tun. In der Donaustraße bietet Marc Miethe Didgeridoo-Unterricht und Workshops an, bei denen man in die Technik dieses ungewöhnlichen Instruments eingeführt wird. Einmal im Monat bietet er maximal 20 Interessierten außerdem die Gelegenheit, zu Didgeridoo-Klängen „in einen traumgleichen Zustand einzutauchen". Auch Instrumente kann man in Marc Miethes Showroom kaufen, man muss allerdings vorher einen Termin vereinbaren.

Donaustraße 114, Neukölln, didgeridoo-berlin.com

Tall Poppies

Wer prominente Australier*innen in Deutschland kennenlernen will, dem sei der Podcast Tall Poppies empfohlen. Der studierte Querflötist und langjährige Deutsche-Welle-Journalist Breandáin O'Shea interviewt regelmäßig Expats aus seiner Heimat, die als Künstler*innen oder Wissenschaftler*innen in Berlin und Deutschland arbeiten, zum Beispiel den Regisseur Barrie Kosky, bis vor kurzem Intendant der Komischen Oper Berlin, die Dirigentin Simone Young oder die Singer-Songwriterin Kat Frankie.

tall-poppies.com

Wenn wir an die Staaten der Welt denken, dann denken wir an Afrika, Asien oder Amerika und haben immer die großen Landmassen vor Augen – und nicht die paar Inselchen, die ebenfalls selbständig sind. Dabei sind das gar nicht so wenige. Europa zählt fünf Inselstaaten: Großbritannien, Irland, Island, Malta und Zypern. Afrika sechs, Asien sogar zehn. Mit Ozeanien und der Karibik kommt man auf zusammen 46 unabhängige Inselstaaten – das ist fast ein Viertel aller Staaten auf der Welt!

NEUSEELAND

Kein Land ist weiter von Deutschland entfernt als Neuseeland – und doch sind die Verbindungen enger, als man denken könnte: Mehr als 200.000 Neuseeländer*innen geben an, deutsche Wurzeln zu haben, fast 14.000 Deutsche haben dort in den letzten Jahren ihr neues Zuhause gefunden – bei nur 5 Millionen Einwohnern. Spätestens seit der „Herr der Ringe"-Trilogie ist Neuseeland ein Sehnsuchtsort für viele Europäer*innen geworden.

Haka-Workshops

Wer schon einmal ein Spiel der neuseeländischen Rugby-Nationalmannschaft All Blacks gesehen hat, kennt das Ritual: Vor jedem Spiel tanzen die Spieler den Haka, einen rituellen Tanz der Māori, um sich zu motivieren und das gegnerische Team einzuschüchtern. In Berlin gibt es seit einigen Jahren vom Haka inspirierte Workshops für sogenannte Krafttänze, zum Beispiel in der Samuel-Hahnemann-Schule.

Colditzstraße 34, Tempelhof,
samuel-hahnemann-schule.de

Waitangi Day

Der 6. Februar ist Waitangi Day, denn er erinnert an den Vertrag von Waitangi 1840, der Neuseeland zu einem Teil des britischen Empires machte, den Māori aber das Recht an ihrem Land zusicherte. Der Vertrag gilt heute als Gründungsdokument der neuseeländischen Nation. Zu diesem Nationalfeiertag organisiert die neuseeländische Botschaft Berlin jedes Jahr Veranstaltungen für in Deutschland lebende Neuseeländer*innen und alle, die sich mit dem neuseeländischen Gemeinschaftsgefühl identifizieren. Informationen zu Veranstaltungen der neuseeländischen Botschaft erhält man auf deren Facebook-Seite.

TAHITI

Tahiti ist zwar kein unabhängiger Staat, sondern die Hauptinsel von Französisch-Polynesien, doch ist sie geradezu der Inbegriff für die „Südsee-Sehnsucht" der Europäer*innen. Einer der berühmtesten Südsee-Fahrer war der Maler Paul Gauguin, der 1891 nach Tahiti ging, wo er seine „Südseebilder" malte. Eines seiner bekanntesten Werke, die „Tahitianischen Fischerinnen", hängt in der Berliner Nationalgalerie.

Toariki Tattoo

Die Polynesier*innen sind berühmt für ihre Tätowierkunst. Zwar trug auch schon der 5.300 Jahre alte Ötzi Tattoos, doch nirgendwo sonst ist es so sehr Teil der Kultur, sich fast den ganzen Körper mit kunstvollen geometrischen Motiven tätowieren zu lassen wie in der Südsee. „Tatau" heißt diese Kunst auf Polynesisch, wörtlich Zeichen, woraus das englische Tattoo wurde. Berlin gilt inzwischen als Hotspot-Zentrum der Tätowierszene, doch wer sich original samoanische, maorische oder polynesische Motive tätowieren lassen möchte, sollte vielleicht bei Toariki in Oranienburg anfragen.

Lehnitzstraße 3, Oranienburg, toariki-tattoo.de

Oritahiti Berlin

„Ori Tahiti" bedeutet Tanz, und der ist ein zentraler Bestandteil der tahitianischen Kultur. In ihrem Tanzstudio Oritahiti gibt die ausgebildete Bühnentänzerin Andrea Claassen-Hansen Kurse für traditionellen tahitianischen Tanz, der mal kraftvoll, mal voller Poesie sein kann und den Tanzenden zu mehr Lebensfreude, Sinnlichkeit und Harmonie mit sich und der Natur verhelfen soll. Hier kann man aber auch tahitianische oder hawaiianische Tanzshows besuchen oder für eigene Feiern buchen.

Bundesallee 88, Friedenau, oritahiti-berlin.com

HAWAII

Hawaii ist zwar der 50. Bundesstaat der USA, aber doch Teil des polynesischen Kulturraumes und damit Ozeaniens. Und bis heute haben sich hawaiianische Traditionen auf der Inselgruppe, die 1898 von den USA annektiert wurde, erhalten. Manches kennt man inzwischen auch in aller Welt, etwa Aloha (für Hallo und Tschüss), die Ukulele oder den Hula-Tanz (der Hula-Hoop-Reifen ist allerdings keine hawaiianische Erfindung).

Ukulele-Schule

Es war wohl ein Portugiese von der Insel Madeira, der die viersaitige Gitarre 1879 nach Hawaii brachte. Er spielte, so geht die Legende, mit so flinken Fingern, dass es die Hawaiianer an hüpfende Flöhe denken ließ. So kam sie zu ihrem Namen, die Ukulele, die sich schon bald über die Inselgruppe und schließlich die ganze Welt verbreitete. Lernen kann man das Instrument zum Beispiel in der Ukulele-Schule Berlin.

Dieffenbachstraße 39, Kreuzberg, ukuleleschule.de

Ma'Loa Poké Bowl

Poké ist das Nationalgericht auf Hawaii. Im Original besteht es aus Salat, Sojasauce, Sesamöl und rohem Fisch auf Sushi-Reis, in Deutschland ist es aber inzwischen in zahlreichen Varianten präsent und wird als gesunde Form des Fastfood angepriesen. Auch von Daniel, dem Gründer von Ma'Loa, der sich nach einem längeren Hawaii-Aufenthalt der Idee verschrieben hat, „ein Stück Hawaii" in seine Heimatstadt Berlin zu holen. Mit Erfolg: Sechs Standorte betreibt er inzwischen in Berlin – und als Franchise zahlreiche weitere in ganz Deutschland. Man kann sich seine Poké Bowl selbst zusammenzustellen, aber auch Bowls à la carte wählen, die nach den sechs Hauptinseln Hawaiis benannt sind.

Invalidenstr. 160, Oberwallstr. 9, Oranienburger Str. 7, Zimmerstr. 68, Mitte; Kantstr. 48, Charlottenburg; Schloßstr. 129, Steglitz, maloa.com

Berliner Ukulele Festival

Was man mit einer Ukulele alles anfangen kann, zeigt das Ukulele Festival Berlin in der ufaFabrik in Tempelhof. Jedes Jahr im Juni geben Künstler*innen aus der deutschen und internationalen Ukuele-Szene alles, um das Wochenende zu einer besonderen Erfahrung zu machen. Neben Konzerten und Workshops wird auch ein Open Mic veranstaltet, bei dem noch unbekannte Künstler*innen die Möglichkeit erhalten, sich auf der großen Bühne auszuprobieren.

Viktoriastraße 10–18, Tempelhof, berliner-ukulele-festival.de

Zentrum für hawaiianische Bühnenkunst

Hula – das ist für die Hawaiianer*innen das Leben selbst, sowohl zeremonielle Bühnenkunst als auch gemeinschaftsorientierter Tanz. Hula ist viel mehr als ein wenig Hüftschwung und ruhige Musik. Für Hula braucht es Schwung, Kraft und eine gehörige Menge Energie, und deshalb schult das Training im Zentrum für hawaiianische Bühnenkunst, wie Hālau Hula Makahikina übersetzt heißt, gleichzeitig Fitness, Ausdruckskraft und Geschmeidigkeit.

Adolfstraße 12, Wedding, www.hula-makahikina.de

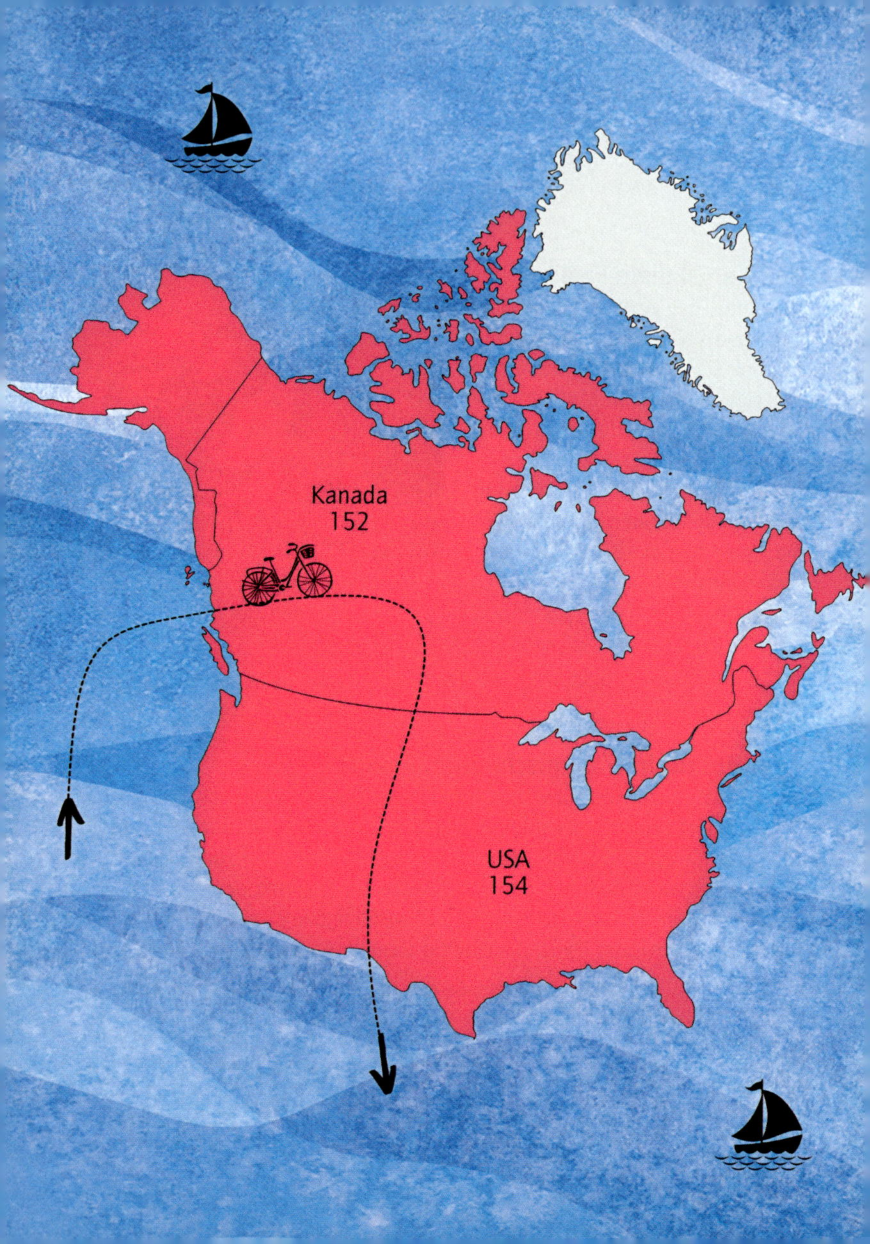
Kanada
152
USA
154

NORDAMERIKA

Von Alaska über die Rocky Mountains bis nach Florida – der nordamerikanische Kontinent ist groß und bietet Reisenden das beste Fast Food bei den größten Sportevents, einzigartige Natur direkt neben lebendigen Großstädten, altehrwürdige Traditionen, die mit Innovationen Hand in Hand gehen. Eben diese Vielfalt an nordamerikanischer Kultur und Lebensgefühl findet man inzwischen auch in Berlin. Einige Berliner Orte vereinen aber auch Kanada und USA.

Nordamerika im Tierpark

Im Tierpark leben in der sogenannten Nordamerika-Zone unter anderem Waldbisons, Schwarzschwanz-Präriehunde und Baumstachler, die ähnlich aussehen wie Stachelschweine, ihr Zuhause aber im Baum statt am Boden haben.

Am Tierpark 125, Friedrichsfelde, tierpark-berlin.de

Nordamerika im Botanischen Garten

Im Nordamerika-Bereich der Pflanzengeographischen Anlage finden sich Bäume und Pflanzen aus den Wäldern, Prärien und Hochgebirgen der USA und Kanadas: In nur wenigen Minuten kann man aus dem Hickory-Wald durch die trockene Kurzgrasprärie bis in die Artemisia-Steppe spazieren. Im Herbst vermittelt das bunte Laub ein Gefühl von Indian Summer.

Königin-Luise-Straße 6–8, Lichterfelde,bgbm.org

Bibliothek für Nordamerikastudien

Auch eine literarische Sammlung mit Nordamerika-Fokus findet man in Berlin: in der öffentlich zugänglichen Bibliothek des John-F.-Kennedy-Instituts der Freien Universität, der größten Spezialbibliothek für Nordamerikastudien in Europa. Über 750.000 Medien gibt es hier, die Sammlungsschwerpunkte sind die USA, Kanada und die englischsprachige Karibik.

Lansstraße 7–9, Dahlem, fki.fu-berlin.de/library

KANADA

2018 schlug Canada's World Survey in Deutschland große Wellen, denn die Kanadier*innen beurteilten Deutschland als „herausragende positive Kraft in der heutigen Welt". Damit lag Deutschland auf Platz zwei der Gesamtwertung, direkt hinter Kanada selbst. Und andersherum scheinen auch die Deutschen den Kanadier*innen gewogen zu sein, denn in Berlin findet man so einige kanadisch inspirierte Orte.

Kanadische Kanufahrten

Der Kanadier (oder Canadier) hat seinen Namen nicht ohne Grund: Dieses Kanu wurde ursprünglich von den Natives in Nordamerika entwickelt, um die dicht bewaldeten Gebiete des Landes zu befahren. Heute kann man Kanadier an vielen Berliner Gewässern mieten, zum Beispiel im Zeuthener See, an der Oberbaumbrücke in Kreuzberg oder in Pichelsberg an der Havel. Das Berliner Umland ist zwar nicht ganz so eindrucksvoll wie die kanadischen Wälder, aber trotzdem einen Ausflug wert.

Bootsverleih am Waldhotel, Schmöckwitz: kanuverleihberlin.de
Bootsverleih Kreuzberg: bootsverleih-kreuzberg.com
Berlin Piratas, Pichelsberg: berlin-piratas.de

The Poutine Kitchen

Wer in den letzten Jahren in der Arminiusmarkthalle war, kennt den großen roten Lieferwagen der Poutine Kitchen. Hier gab es das klassische kanadische Fast-Food-Gericht, bestehend aus Pommes, Cheese Curds (Käsestückchen) und Bratensauce – wahlweise mit weiteren Toppings – und dazu passend kanadisches Bier und Soft Drinks. Der Marktstand hat leider seit Ende 2022 geschlossen, eine Neueröffnung an einem anderen Standort ist aber bereits in Planung. Bis dahin kann man die Poutine Kitchen für Caterings buchen – oder die Zutaten für die Zubereitung nach Hause bestellen.

thepoutinekitchen.de

Lacrosse

Auch wenn es international lange nicht so bekannt und beachtet ist wie zum Beispiel Eishockey: Lacrosse gilt tatsächlich als kanadischer Nationalsport. Die kanadischen Natives erfanden das Spiel mit den Schlägern, das damals eine Art zeremonielles Ritual und dem Gott des Krieges gewidmet war. Erst im 19. Jahrhundert fand Lacrosse seinen Weg nach Europa, 1993 wurde dann in Berlin ein erster Lacrosse-Verein (BLAX) gegründet, der inzwischen Teil des SC Charlottenburg ist. Der veranstaltet auch jährlich die Berlin Open LACROSSE, bei denen man mitspielen oder sich das Ganze (in sicherer Entfernung) vom Spielfeldrand angucken kann.

berlinopen.de, scc-berlin.de

USA

Vier Orte mit dem Namen Berlin gibt es in den USA – und über 20.000 US-amerikanische Staatsbürger*innen leben zurzeit in Berlin. Vieles hat seinen Weg aus dem Land der unbegrenzten Möglichkeiten hierher gefunden. Die US-amerikanisch beeinflussten Orte reichen von klassischen Diners über Sportshops bis hin zu Museen oder Swing-Tanz-Events.

Route 66

Das Route-66-Diner am Wilmersdorfer Ludwigkirchplatz ist schon so etwas wie eine Institution. Seit Jahrzehnten überzeugt das Restaurant mit klassischen Burgern und Steak mit Pommes, inzwischen gibt es auch mehrere vegetarische und vegane Optionen. Wirklich besonders macht den Laden aber die 50er-Jahre-Einrichtung: Große rote Polsterbänke stehen zwischen blinkenden Jukeboxen, an den Wänden hängen Leuchtreklamen, Fotos von US-amerikanischen Stars und Sternchen und alte Platten. Mittendrin steht als Teil des Inventars ein schwarzer Cadillac. Ein Besuch im Route 66 ist wie ein Trip in die USA – und eine Zeitreise in die 50er-Jahre.

Pariser Straße 44, Wilmersdorf, route66diner.de

NBA Store

2022 hat in Berlin der erste NBA Store Deutschlands eröffnet, passenderweise in der amerikanisch anmutenden Mall of Berlin. Auf 1.000 Quadratmetern gibt es Merchandise der NBA-Teams, Sportkleidung und -equipment, Souvenirs und sogar ein paar Sammlerstücke zu kaufen. Beim Shopping begleitet Besucher*innen der Sound amerikanischer Basketballkommentatoren, der über die Lautsprecher im Laden gespielt wird.

Alte Potsdamer Straße 7, Mitte, nbastore.eu

Independence Day

Jedes Jahr am 4. Juli feiern die Amerikaner *innen am Independence Day ihre Unabhängigkeit von den Briten. In den USA wird der Nationalfeiertag mit Feuerwerk, Paraden und anderen großen Aktionen begangen, aber auch in Berlin gibt es häufig Events zum 4. Juli – mal in der Kulturbrauerei, mal auf dem Tempelhofer Feld, immer von anderen Unternehmen oder Vereinen organisiert. Es lohnt sich also, ein paar Wochen im Voraus zu recherchieren, wo dieses Jahr gefeiert wird.

AlliiertenMuseum

Früher war das Outpost-Kino ein Erholungsort für US-Soldaten in Berlin, heute hat hier das Alliierten-Museum seinen Sitz. In der Dauerausstellung wird „Die Geschichte der Westmächte in Berlin 1945–1994" präsentiert, darin gibt es unter anderem einen der Willys-MB-Jeep zu sehen, in denen die US-Soldaten damals durch West-Berlin fuhren. Jetzt zieht das Museum um – an einen Ort, der noch näher mit der US-Geschichte verbunden ist: in den Flughafen Tempelhof. Dort, wo US-General Lucius D. Clay die Luftbrücke organisierte, soll das Museum in rund zehn Jahren neu eröffnen.

Clayallee 135, Dahlem, alliiertenmuseum.de

US-amerikanischer Jeep im AlliiertenMuseum

Swing

Ob Lindy Hop oder Charleston, West Coast oder Balboa – die Swing-Tanz-Szene hat Berlin in den letzten Jahren im Sturm erobert. Swing entstand Anfang der 20er-Jahre in New York in der Schwarzen Community und hatte in den USA in den 30ern und 40ern seinen Höhepunkt. Heute erlebt der Tanz vielerorts ein Revival – unter anderem in Berlin, wo dutzende Tanzschulen Kurse und Workshops anbieten. Aber auch öffentliche Tanzveranstaltungen laden zum Feiern ein: In Clärchens Ballhaus gibt es zum Beispiel Workshops und Tanzabende, oft in bester Kulisse im Spiegelsaal. Und im Sommer findet direkt am Spreeufer beim Open Air im Monbijoupark meist sonntags ein „Swing & Co."-Abend statt.

Clärchens Ballhaus: Auguststraße 24, Mitte
Tanzfläche Monbijoupark: Monbijoustraße 3b, Mitte

Old Texas Town

Texas liegt in Spandau. Auf über zehntausend Quadratmetern hat der Cowboy Club hier eine richtige kleine Westernstadt aufgebaut – mit Bank, Kirche, Gefängnis, einer Schmiede und natürlich einem waschechten Saloon. Hier kann man es sich bei Bier oder Whiskey gemütlich machen und ein bisschen texanische Luft schnuppern. Im dazugehörigen Militärmuseum kann man außerdem originale Exponate aus dem amerikanischen Bürgerkrieg entdecken.

Paulsternstraße 18, Siemensstadt, old-texas-town.de

Baseball

Auch in Berlin kann man Baseball spielen – zum Beispiel auf den Plätzen am Tempelhofer Feld, die noch aus der Zeit der Besetzung der Alliierten stammen. Die US-Berlin-Brigade hatte die Felder aufgebaut, und nach der Schließung des Flughafens wurden diese nach langen Verhandlungen endlich wieder in Betrieb genommen. Heute spielen hier die Baseball- und Softballteams der Turngemeinde in Berlin. Wer möchte, kann bei den Trainings und Spielen zuschauen oder selbst ein Probetraining mitmachen.

Columbiadamm 111, Tempelhof, tib-baseball.de

American Football

Hundert Jahre nach der berühmten National Football League der USA, kurz NFL, gründete sich die erste (semi)professionelle Football-Liga in Europa: die European Football League, kurz ELF. Aktuell spielen hier 16 Mannschaften aus neun Nationen – darunter sieben deutsche Teams. Die Berliner Mannschaft „Berlin Thunder" spielt regelmäßig im Friedrich-Ludwig-Jahn-Sportpark. Wer lieber selbst auf dem Feld stehen möchte, findet auf der Webseite des American Football und Cheerleading Verbandes Berlin-Brandenburg eine Übersicht der Berliner Vereine mit Football-Abteilung.

europeanleague.football, afcvbb.de/american-football/vereine-in-berlin

Western Saloon

Im gemütlichen Gastraum des Western Saloon kann man es sich mit amerikanischem Bier zwischen Gästen im texanischen Look gemütlich machen – denn hier trägt wirklich jeder Zweite einen Cowboyhut! Auch Line-Dance-Kurse gibt es, meist unter der Woche. Da sind alle herzlich willkommen, ob mit oder ohne Vorkenntnisse.

Königshorster Straße 6, Reinickendorf, western-saloon.de

American Lifestyle

Seit über 20 Jahren gibt es im US-Shop Berlin alles, was das amerikanische Herz begehrt: von bunter Weihnachtsbeleuchtung über BBQ-Grillgeräte bis hin zu echten Sammlerstücken. Insbesondere ist der Laden aber ein Muss für alle, die amerikanische Lebensmittel mögen – denn hier gibt's die beliebten Milk Duds, echte Betty-Crocker-Teigmischungen und original-amerikanische Mac and Cheese.

Attilastraße 177, Tempelhof, us-shop-berlin.de

MITTELAMERIKA

Geografisch ein Teil Nordamerikas, kulturell oft gleichgesetzt mit Südamerika, und dabei doch eigentlich ein eigener lebendiger Kulturraum: Mittelamerika umfasst die gesamte Landbrücke zwischen Nord- und Südamerika – von den kontrastreichen Landschaften Mexikos bis zum Dschungel Panamas – und dazu die paradiesischen Inseln der Karibik. Es ist ein riesiges Gebiet, das von Naturschönheiten, kultureller Vielfalt, aber auch einer Menge politischer Konflikte geprägt ist.

Ibero-Amerikanisches Institut

Die größte Spezialbibliothek für den ibero-amerikanischen Raum befindet sich in Berlin! Zuerst erhielt der Staat Preußen die Privatbibliothek des argentinischen Historikers und Sprachwissenschaftlers Ernesto Quesada, dann die Mexikobibliothek des Geografen Hermann Hagen und 1925 schließlich auch noch die Bestände des Instituts für Lateinamerikakunde Hamburg. Seitdem umfasst die Forschungsbibliothek mehr als eine Million Bände. Das Forschungs- und Kulturzentrum veranstaltet auch regelmäßig Lesungen, Konzerte und Gesprächsrunden, Ausstellungen und Filmvorführungen mit Bezug zu Mittel- und Südamerika. Die Bibliothek steht allen über 16 Jahren offen.

Potsdamer Straße 37, Tiergarten, iai.spk-berlin.de

La Bodega

Mitten im Prenzlauer Berg hat La Bodega Berlin alles an Lebensmitteln und Getränken im Angebot, was das Herz begehrt: Neben Rum aus Kuba, der Dominikanischen Republik und Uruguay gibt es hier auch Tequila, Pisco und peruanische und chilenische Biere. Außerdem kann man Kaffee aus Peru und Mate-Tee kaufen, der direkt aus Argentinien importiert wird. La Bodega fungiert mit seinen langen Öffnungszeiten zugleich als Späti, in dem man sich mit typisch lateinamerikanischen Snacks versorgen kann.

Senefelderstraße 27, Prenzlauer Berg, labodega-berlin.com

MEXIKO

Von den alten Maya-Ruinen und außergewöhnlichen Traditionen bis zu lebendigen Städten und innovativer Küche – Mexikos Kultur ist vielfältig und bunt, und das Land ein beliebtes Reiseziel für Tourist*innen aus aller Welt. Zu den Sehenswürdigkeiten gehört in Mexiko-Stadt übrigens ein Denkmal, das einem in Berlin stark ähnelt: Die Statue der Siegesgöttin Victoria, der Ángel de la Independencia, erinnert vom Sockel bis hin zur goldenen Figur an die Berliner Siegessäule mit der „Goldelse".

Día de Muertos

In Mexiko geht man anders mit dem Tod um. Statt ihn zu verdrängen oder zu tabuisieren, feiert man in Mexiko lieber mit ihm. Am Día de Muertos (31. Oktober bis 2. November) kommen nach mexikanischem Volksglauben die Toten zu Besuch auf die Erde, um gemeinsam mit den Lebenden ein buntes Fest zu feiern. Auch in Berlin sind die Verstorbenen herzlich eingeladen, wenn das Humboldt Forum zum mexikanischen Markt wird. Neben Livemusik, Tanz und Theater locken auch die Düfte mexikanischer Spezialitäten die Feiernden gedanklich auf Mexikos Straßen. Herzstück des Fests ist ein riesiger, farbenfroher

Altar, der mit Blumen, Fotos, Speisen und Getränken geschmückt wird. Die Besucher*innen sind ausdrücklich aufgefordert, Erinnerungsstücke an ihre Verstorbenen dazuzulegen. Denn der Día de Muertos ist nicht nur für Mexikaner*innen in Deutschland gedacht.

Schloßplatz 1, Mitte

Superskull

Wer sich richtig auf den Día de Muertos einstimmen möchte, sollte Superskull besuchen. Hier gibt es alles Mögliche an mexikanischer Dekoration: von Girlanden und Glücksbringern über mexikanische Kunst rund um Frida Kahlo bis hin zu Schreinen und Totenschädeln. Jedes Produkt ist handgefertigt und stammt aus Mexiko. Besonders schön sind die Erläuterungen zu Tradition und Verwendung der einzelnen Dinge. Da der Shop mit kleinen Familienbetrieben in Mexiko zusammenarbeitet, hilft er zudem dabei, deren Arbeitsplätze und Einkommen zu sichern.

Mittenwalder Straße 13, Kreuzberg,
superskull.de/laden-berlin

Cantina Mexicana Que Pasa

Egal ob Tacos, Burritos, Enchiladas oder Salsa – typisch mexikanisch essen gehen lässt es sich wunderbar im Que Pasa Berlin. An insgesamt sechs Standorten in der Stadt wartet das Restaurant mit Bar, gemütlicher Atmosphäre, aufwendiger Innendekoration und langen Öffnungszeiten auf. Wer nur etwas trinken möchte, hat die Qual der Wahl dabei, sich einen der Cocktails von der großen Karte auszusuchen. Das Que Pasa ist einfach eine sichere Adresse: Das Essen ist gut, der Service schnell und die Preise sehr günstig.

quepasa-berlin.de

Chili & Paprika

Der Mexico-Latino-Shop bietet alles, was man für ein opulentes mexikanisches oder lateinamerikanisches Essen benötigt. Neben einer Auswahl an verschiedenen Chilis hat der kleine Laden unter anderem frische Tortillas aus Mais und den Queso Oaxaca, einen traditionellen mexikanischen Käse, im Angebot.

Danziger Straße 118, Prenzlauer Berg, chiliundpaprika.de

Aztekische Skulpturen

Die Azteken entwickelten nicht nur ihre eigene Hieroglyphen-Schrift, sondern schufen auch eindrucksvolle Kunst und Handarbeiten, meist mit Naturmotiven verziert. Im Ethnologischen Museum im Humboldt Forum findet man zum Beispiel Skulpturen von Tieren, die für die Azteken kulturell von Bedeutung waren – sei es für Opfergaben, als Haustiere oder als Nahrungsmittel. Auch Figuren von Menschen und Gottheiten kann man hier entdecken, etwa die des aztekischen Windgottes oder die der Wassergöttin.

Schloßplatz, Mitte, smb.museum

El Grito Berlin

Mexikos Biggest Fiesta in Berlin, das ist das El Grito Berlin. Einmal im Jahr präsentiert der Verein Viva Mexiko ein zweitägiges mexikanisches Volksfest. Mit Livemusik und Karaoke, Cocktails und Street Food steht hier alles im Zeichen der mexikanischen Kultur. Dabei gibt es auch immer wieder unerwartete Programmpunkte zu entdecken – wie 2022 zum Beispiel Lucha Libre Mexicana, also mexikanisches Wrestling.

vivamexiko.com/event/el-grito

GUATEMALA

Die Geschichte des indigenen Maya-Volks prägt die Kultur und Identität von Guatemala. So gibt es dort zahlreiche historische Maya-Stätten, die bis heute nicht vollständig erforscht sind. Viele Traditionen, Feste und Riten der Maya sind fest in der guatemaltekischen Gesellschaft verankert, auch werden noch indigene Sprachen gesprochen. Die Guatemaltek*innen bewahren sich den Stolz auf ihren Kulturschatz selbst in Zeiten sozialer Umbrüche und Herausforderungen.

Stelen im Ethnologischen Museum

Ein eigener Raum mit hohen Decken ist den guatemaltekischen Fundstücken im Humboldt Forum gewidmet, und das zu Recht: Ein paar Meter hoch sind die steinernen Stelen, auf denen Ahnendarstellungen, Symbole für Sprache oder Gesang sowie Repräsentationen von Gottheiten zu erkennen sind. Besonders auffällig: die großen Darstellungen eines Ballspielers. Das Ballspiel war ein wichtiger Teil der mesoamerikanischen Kultur und stand für den Kreislauf des Lebens und der Natur.

Schloßplatz, Mitte, smb.museum

Trespassers Berlin

Wer Lust auf eine außergewöhnliche kulinarische Erfahrung hat, ist bei den Trespassers genau richtig. Das Lokal hat sich auf die guatemaltekische Küche spezialisiert und bietet Tamales und Frojoles Colados nach traditioneller Rezeptur an. Die in Bananen- oder Maismehlblätter gewickelten Teigtaschen werden gedämpft und gekocht serviert – so wie sie bereits von den Maya gegessen wurden.

Fehrbelliner Straße 94, Prenzlauer Berg, trespassers.eu

KUBA

Kuba – da denkt man sofort an dicke Havana-Zigarren und guten Rum, Fidel Castro, Guantanamo und den Buena Vista Social Club. Doch die größte Karibik-Insel hat viel mehr zu bieten. Abgesehen von der hinreißenden Natur kann man kubanischen Charme und vieles aus der kubanischen Kultur auch in Berlin erleben.

Pequeña Habana Restaurant

„Traditionelle und kreative kubanische Küche" steht über dem Eingang des Pequeña Habana. Das Restaurant wurde von einer karibischen Einwandererfamilie gegründet, die mit landestypischen Gerichten und Cocktails ein Stück ihrer Heimat nach Berlin bringen wollten. Hier gibt es gebratene Kochbanane mit Avocado-Dip, Fisch- und Meeresfrüchtesuppe oder geschmortes Rindfleisch nach kubanischer Art, eine Mischung aus fleisch- und fischhaltigen Gerichten und veganen Spezialitäten. Dazu einen Canchánchara (ein Cocktail mit Rum, Honig und Limette) oder einen Cuba Libre – und perfekt ist der kubanische Abend in Berlin!

Eisenacher Straße 48, Schöneberg, pequena-habana.de

Kubanische Zigarren

Die Produktion von Zigarren ist in Kuba ein echtes Handwerk mit bis zu 300 Arbeitsschritten. Hier gibt es so viele erfolgreiche Produktionsunternehmen für Zigarren wie in keinem anderen Land. Eine große Auswahl an kubanischen Zigarren, darunter einige der beliebten kubanischen Marke Romeo y Julieta, bekommt man in Berlin bei Zigarren Herzog (und an dem dazugehörigen „La Casa del Habano"-Standort). Hier können sich Kenner*innen wie auch Neugierige, die sich mit Zigarren (noch) nicht auskennen, beraten lassen – und auch gleich das passende Zubehör erwerben.

Zigarren Herzog: Ludwigkirchplatz 1–2, Wilmersdorf, Suarezstraße 21, Charlottenburg
La Casa del Habano: Stralauer Allee 9, Friedrichshain, zigarren-herzog.com

Cuban Salsa Power

Kubanische Salsa tanzen wie die Profis – wer das lernen möchte, ist in der Cuban Salsa Power Berlin richtig. Die Tanzschule hat sich auf Stile spezialisiert, die vor allem auf Kuba populär sind: Neben Salsa Cubana, Salsa Solo und Son Cubano sind das zum Beispiel Rumba und Timba. Alle Kurse finden in unterschiedlichsten Locations auf verschiedenen Niveaus statt und können selbstverständlich auch ohne Partner*in besucht werden.

Schönhauser Allee 36, Prenzlauer Berg, cspberlin.com

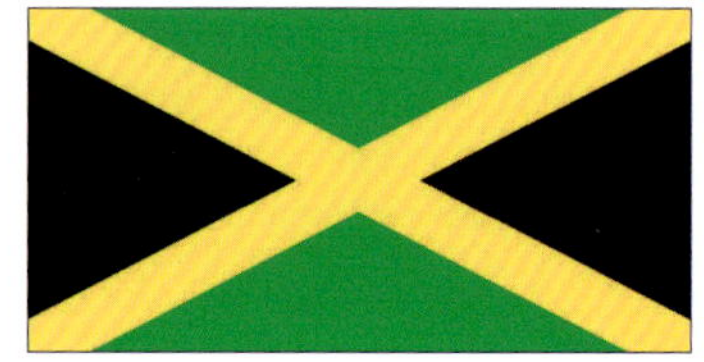

JAMAIKA

Jamaika, das stammt von dem arawekischen Wort „Xaymaca" und bedeutet „Land von Holz und Wasser". Bekannt ist Jamaika heute aber mehr für seine bewegte Kolonialgeschichte und die Musik- und Tanzkultur – insbesondere Ska, Reggae und Bob Marley. Doch aus Jamaika kommen auch richtig guter Rum und leckeres Essen.

Rum Depot

Das Rum Depot Berlin bietet eine große Auswahl an – Überraschung! – unterschiedlichen Rumsorten und anderen Spirituosen, darunter jamaikanische Rums, die aus karibischen Destillerien importiert werden. Ruminteressierten sei eines der Tastings empfohlen, wie sie hier regelmäßig in kleiner Runde stattfinden.

Apostel-Paulus-Straße 35, Schöneberg, rum-depot.de

Rosa Caleta

Not macht erfinderisch. Eigentlich wollte das Team von Rosa Caleta jamaikanische Küche in Berlin anbieten. Doch wegen der hohen Transportkosten entschied es sich, nur einzelne Spezialitäten zu importieren und diese mit der europäischen Küche zu kombinieren. Wie diese jamaikanisch-europäische Fusion schmeckt, kann man an wechselnden Orten probieren (das Restaurant in der Muskauer Straße musste das Team während der Pandemie aufgegeben) – oder als Catering bei sich zu Hause. Zu empfehlen sind zum Beispiel Hühnchenwraps gewürzt mit „Jerk", einer scharfen jamaikanischen Gewürzmischung, oder Quiche mit „Saltfish" (jamaikanisch für Kabeljau).

rosacaleta.com

DOMINIKANISCHE REPUBLIK

Dominikanische Republik und erst recht DomRep – das klingt nicht sehr poetisch. Wohl allerdings Hispaniola. So heißt die Insel, deren östliche zwei Drittel das beliebte Urlaubsland einnimmt. (Das westliche Drittel bildet den Staat Haiti.) Die Dominikanische Republik hat mehr zu bieten als endlose Strände und türkises Wasser.

Bachata

In den 60er-Jahren entstand in der Dominikanischen Republik der Bachata: ein Paartanz, der meist in engem Kontakt von Mann und Frau zur landestypischen Bachata-Musik getanzt wird. Erst in den späten 90er-Jahren fand der Bachata seinen Weg in die USA und nach Europa, heute gehört er in vielen Tanzschulen zum Standardangebot. Auch in Berlin werden Kurse, Workshops und manchmal sogar Partys angeboten. Einen Überblick über das aktuelle Angebot findet man auf der Seite von Salsango.

salsa-und-tango.de/bachata-berlin

Rum und Mamajuana

Wie auf Kuba und Jamaika wird auch in der Dominikanischen Republik viel und guter Rum hergestellt und getrunken. Eine der größten Marken ist Brugal, seit 1888 in Familienbesitz und geschätzt für besondere Handwerkskunst. Brugal Rum eignet sich besonders gut zum Mischen von Mamajuana, einer dominikanischen Spezialität, die auch Rotwein, Honig und verschiedene Kräuter enthält. Rezepte zum Selbstmixen findet man online en masse. Eine gute Adresse für den Kauf von Rum ist zum Beispiel Berlin Bottle.

Katharinenstraße 26, Halensee, berlinbottle.de

Kolumbien 171
Peru 172
Chile 174
Argentinien 176
Brasilien 179
Venezuela 182

SÜDAMERIKA

Südamerika ist weit weg, und überall spricht man Spanisch (mit Ausnahme von Brasilien). Vielleicht liegt es an diesem simplen Weltbild, dass viele Menschen alles Südamerikanische in einen Topf werfen. Dabei gibt es zwischen Kolumbien und Peru, Chile und Uruguay ziemliche Unterschiede. Ganz abgesehen davon, dass man in Südamerika auch Englisch (in Guayana), Niederländisch (in Suriname) und Französisch spricht. Französisch Guayana ist sogar Teil der Europäischen Union – die also eine direkte Grenze zu Brasilien hat! Südamerika ist auch in Berlin präsent. Hier kann man originalen Mate-Tee trinken und die größte Seerosenart der Welt bestaunen, argentinischen Tango tanzen, chilenischen oder peruanischen Pisco Sour trinken und Feste mit den Brasilianer*innen Berlins feiern.

Meta Mate Bar

Mate ist in Deutschland inzwischen längst ein Kultgetränk. In Südamerika allerdings ist Mate kein koffeinhaltiger Eistee aus der Flasche, sondern ein traditionelles Aufgussgetränk, das bereits von den Ureinwohner*innen Südamerikas getrunken wurde. In Argentinien, Bolivien, Chile und Paraguay wird es getrunken wie hierzulande Kaffee, ist also ein fester Bestandteil des Alltags. Wenn man den herben Mate-Tee in seiner ursprünglichen Form kennenlernen möchte, sollte man die Meta Mate Bar besuchen. Hier gibt es eine große Auswahl an frischen Mate-Tee-Sorten, dessen Blätter aus Brasilien importiert werden. Gegründet wurde die gemütliche Bar von einer Inderin und einem Südamerikaner im Prenzlauer Berg. Regelmäßig bieten Krithika und Fabricio do Canto Workshops an, bei denen die Teilnehmer*innen etwas über die Geschichte des Mates erfahren und verschiedene Sorten probieren können.

Straßburger Straße 16, Prenzlauer Berg, metamateberlin.de

Alba Magazin

Dem Verein Alba.lateinamerika lesen liegt der kulturelle Austausch zwischen Lateinamerika und Deutschland am Herzen. Das Hauptprojekt ist eine großartige Zeitschrift: Alba ist zweisprachig und präsentiert Gegenwartsliteratur aus dem lateinamerikanischen Raum, die es noch nicht auf den deutschen Buchmarkt geschafft hat und eigens für Alba von mehreren Übersetzer*innen und Literaturwissenschaftler*innen ins Deutsche übertragen wird. Zudem veranstaltet der Verein Lesungen und Gesprächsrunden in Berlin.

albamagazin.de

South Embassy

Über 2.000 verschiedene Artikel hat die Chilenin Cecilia Fuentes Ibarburu in ihrem kleinen Kaufhaus in der Alten Schönhauser Straße im Angebot! Das South Embassy bietet eine hochwertige Auswahl an Spezialitäten aus Lateinamerika: von Weinen aus Chile über Mate, Pisco und Kaffee bis hin zu Feinkost, Design, Deko, Medien und Mode aus Mexiko. Aber das Geschäft lädt nicht nur zum Shoppen ein, sondern richtet auch immer wieder lateinamerikanische Veranstaltungen und Ausstellungen aus.

Alte Schönhauser Straße 33–34, Mitte, south-embassy.com

Botanischer Garten – Häuser C, G, I und O

Wie bunt und vielfältig die Flora Mittel- und Südamerikas ist, zeigt sich im Botanischen Garten. So werden im Haus C unter anderem Bananenstauden, Papaya- und Ananaspflanzen sowie Kokospalmen und Kakaobäume aus Lateinamerika präsentiert. In Haus G, dem Bromelienhaus, finden sich etwa 40 Gattungen und rund 700 Arten der farbenfrohen Urwald-Gewächse, die in den Bergwäldern und Regenwäldern Mittel- und Südamerikas verbreitet sind. Haus I steht ganz im Zeichen der Kakteen aus Mexiko, Nordargentinien, Paraguay und Bolivien. Highlight des Hauses ist ein mehr als 100 Jahre alter Goldkugelkaktus – eine Kakteenart, die 1885 in Mexiko entdeckt und dann von einem Berliner Kakteenhändler in Deutschland eingeführt wurde. Der Höhepunkt im Botanischen Garten ist jedoch ganz klar das Victoriahaus (Haus O), wo man im Sommer die Amazonas-Riesenseerosen bestaunen kann – die größte Seerosenart der Welt.

Königin-Luise-Straße 6–8, Lichterfelde, bgbm.org

KOLUMBIEN

Über Jahrzehnte kamen aus dem nördlichsten Land Südamerikas nur schlechte Nachrichten, immer ging es um Drogenkartelle, Guerillakriege, Menschenrechtsverletzungen. Dabei ist Kolumbien auch ein wunderschönes Land, in dem man hervorragend essen, gute Musik hören und leckeren Kaffee trinken kann – Kolumbien ist der viertgrößte Kaffeeproduzent der Welt.

Kaffeeland Berlin

Den besten Kaffee Berlins gibt es auf dem Steglitzer Wochenmarkt. Denn wo Ariel Diaz Donado und sein Team mit ihrem Kaffeeland aufschlagen, sind köstliche Aromen und jede Menge Leidenschaft garantiert. Der Kolumbianer ist mit bestem Kaffee aufgewachsen, und nun hat er sich der Mission verschrieben, den bestmöglichen Kaffee direkt von den Bauern seiner Heimat nach Berlin zu bringen. Man kann die verschiedenen Sorten auch online bestellen.

Wochenmarkt Hermann-Ehlers-Platz, Steglitz, kolumbienkaffee.de

Mecato Berlin

Sich wie in Kolumbien fühlen – das geht auch mitten in Friedrichshain. Bei kolumbianischem Bier, exotischen Säften, Limonaden und gemütlichem Ambiente lassen sich im Mecato wunderbare Stunden verbringen. Doch das Highlight des Cafés ist das Essen: Arepas und Empanadas, auch in vegetarischen und veganen Varianten, authentisch kolumbianisch und mit viel Liebe zubereitet.

Gärtnerstraße 2, Friedrichshain, mecato.metro.biz

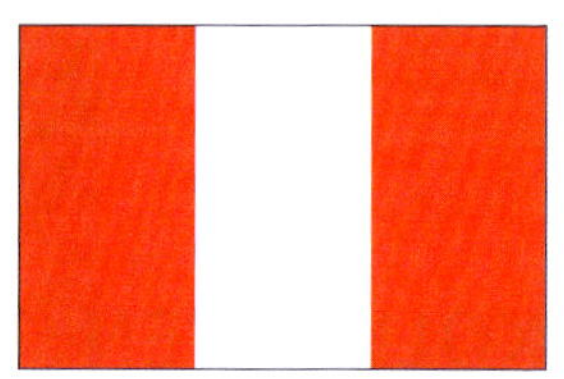

PERU

Vielfältige Kulturen, beeindruckende Naturlandschaften und jahrtausendealte Geschichte prägen die verschiedenen Regionen Perus. Vom Wahrzeichen Machu Picchu im Süden über die pulsierende Hauptstadt Lima an der Westküste bis hin zu den üppigen Regenwäldern im Norden: Reisende erwarten hier unzählige Erlebnisse und Entdeckungen.

Peruanische Handwerkskunst

Neben Pullovern aus Alpakawolle und Mode mit gestickten symmetrischen Mustern finden sich im Cóndor Pasa Huánuco auch Decken und weitere Dekoartikel – alles aus original peruanischen Stoffen in Handarbeit gefertigt und fair gehandelt. Das Familienunternehmen ist fest mit der peruanischen Gemeinde in Berlin verbunden und arbeitet mit einer Hilfsorganisation und zwei weiteren Projekten zusammen, die alleinstehende Frauen mit Kindern in Peru unterstützen. **Kastanienallee 41, Mitte, condorpasa.com**

Cevicheria

Dass man in Peru mächtig stolz aufs Nationalgericht ist, zeigt der 28. Juni: Er ist ganz offiziell der Ceviche-Tag! Doch Ceviche lässt sich guten Gewissens mehr als einmal im Jahr essen: Denn der Fischsalat ist nicht nur kalorienarm, sondern auch reich an Proteinen. Zu den wichtigsten Zutaten gehören Zwiebeln, Paprika und roher Fisch, der mit Limettensaft, Salz und Chili mariniert wird. In der Berliner Cevicheria wird schon seit 2013 Ceviche in verschiedenen Varianten serviert – mit viel Liebe und fast genauso wie in Peru.

Dresdener Straße 120, Kreuzberg, cevicheria-berlin.com

Inka-Kleidung

Die Inka beherrschten vom 13. bis zur Ankunft der Spanier im 16. Jahrhundert ein riesiges Reich und brachten eine faszinierende Kultur hervor. Ihre Hauptstadt war Cusco, und in der Nähe liegt auch, hoch oben in den Bergen, die legendäre Ruinenstadt Machu Picchu. In den Amerika-Sammlungen im Humboldt Forum sind traditionelle Kleidungsstücke und Textilien der Inka ausgestellt. Sie wurden benutzt für Rituale und Tauschgeschäfte und zeigten den Stand der Menschen im Gesellschaftssystem an.

Schloßplatz, Mitte, smb.museum

Wandbild in Adlershof

Ein Stück peruanischer Regenwald ziert seit Sommer 2023 die Wand eines Behördenbaus in Adlershof. Anlässlich des 25-jährigen Jubiläums der Städtepartnerschaft zwischen Treptow-Köpenick und der peruanischen Provinz Cajamarca schuf der aus der peruanischen Regenwald-Region stammende Künstler Alexander Shimpukat Soria ein Bild, das zu Erhalt und Schutz unserer Welt auffordern soll. Unterstützung erhielt er von Kindern aus dem Kunstverein Treptow, die die Gestaltung des Lamas und des Kolibris übernahmen.

Hans-Schmidt-Straße 16, Adlershof

Rocoto

Peruanische Küche gilt unter Gourmets als der neueste Hit. Hervorragend peruanisch essen kann man im Rocoto, mit dem sich Andrés Cerdeña Rendón seinen Kindheitstraum erfüllt hat. Mit entsprechender Liebe und Leidenschaft betreiben er und sein Team den rustikal eingerichteten Laden. Benannt ist er nach der peruanischen Chilisorte Rocoto, die in fast allen Gerichten des Restaurants enthalten ist.

Winterfeldtstraße 17, Schöneberg, rocotoberlin.de

CHILE

Rund 4.200 Kilometer misst Chile vom nördlichsten zum südlichsten Punkt – und ist an einer Stelle nur 90 Kilometer breit. Die verrückte Form erklärt sich aus dem Verlauf der Anden, dessen Hauptkamm die Grenze zu Argentinien bildet. Indigene Völker haben die Kultur des schmalen Landstreifens geprägt, insbesondere die Mapuche, deren Erbe im Kunsthandwerk, in der Musik und in der Spiritualität der Gesellschaft präsent ist. Meeresfrüchte sind in der chilenischen Küche sehr beliebt, typisch sind aber auch Empanadas und eine besondere Art des Grillens, Amado genannt.

La tía rica

La tía rica war das erste Restaurant mit chilenischer Küche in Berlin. Auf der Karte stehen frische Meeresfrüchte, Fisch und Fleisch – alles typisch chilenisch zubereitet. Um den Abend optimal zu beginnen, empfehlen Gastgeber Francisco Javier de la Parra und seine Tochter Bianca Pisco Sour: einen chilenisch-peruanischen Cocktail aus Limettensaft, Zuckersirup und Pisco, einem Traubenschnaps. „Die reiche Tante" ist nicht nur ein Treffpunkt für Chilen*innen in Berlin, sondern auch ein Erlebnis für alle neugierigen Esser*innen.

Knesebeckstraße 92, Charlottenburg, latiarica.de

Chilenisches Gartenkabinett

Herzlich willkommen im wohl natürlichsten Gartenkabinett der Gärten der Welt! Neben Bänken und Wänden aus Travertin-Marmor, der im Norden Chiles abgebaut wird, gibt es hier auch die Anden-Scheinbuchen zu sehen. Die wachsen zwar entlang klarer Linien, zwischen kunstvollen Wasserbecken und -gräben, dürfen aber auch ungehemmt über die Wege

und Gestaltungelemente der Anlage wuchern. Hier darf Natur noch Natur sein!

Blumberger Damm 44, Marzahn, gaertenderwelt.de/welt-entdecken

FDCL – Forschungs- und Dokumentationszentrum Chile-Lateinamerika

Das Forschungs- und Dokumentationszentrum Chile-Lateinamerika ist ein ehrenamtlich arbeitender Verein mit Sitz im Mehringhof, der sich für eine menschenrechtsorientierte, lateinamerika-freundliche deutsche Politik einsetzt. Seit 1974 fördert das FDCL die Beziehungen zwischen Lateinamerika und Deutschland, macht aber auch auf Ungerechtigkeiten und Problemlagen vor Ort aufmerksam. Dazu werden regelmäßig Workshops, Filmreihen, Kulturprogramme und Informationsveranstaltungen organisiert, die zu politischen Diskussionen einladen. Zudem setzt sich das FDCL besonders für den Schutz der Menschenrechte in Lateinamerika ein.

Gneisenaustraße 2a, Kreuzberg, fdcl.org

ARGENTINIEN

Buenos Aires ist mit 15 Millionen Einwohnern eine der größten Städte der Welt, ein kulturelles Zentrum mit europäischem Flair, in dem der Tango Argentino seinen Ursprung hat. Aber auch was Kunst, Literatur und Film betrifft, ist die argentinische Kultur außerordentlich vielfältig. Aufgrund seiner indigenen und kolonialen Geschichte ist Argentinien ein Land der Kontraste und der Vielfalt. Und davon gibt es auch in Berlin einiges zu entdecken!

Tango

Berlin ist die Tango-Hochburg Europas. Jeden Tag gibt es mindestens vier Milonga, wie die Tango-Tanzveranstaltungen heißen, für Anfänger*innen, für Fortgeschrittene, für Fast-Profis und für die Liebhaber*innen des Ungewöhnlichen. Man kann am Paul-Löbe-Haus direkt an der Spree tanzen oder oben auf dem Kreuzberg, in Tanzschulen mit so sprechenden Namen wie „Tango macht schön" oder „Walzer linksgestrickt". Man kann im Tango Loft, im Mala Junta oder im Nou über dem Ballhaus Nord seiner Leidenschaft frönen, im legendären Clärchens Ballhaus und beim Tango rouge im nicht minder legendären, aber doch anders gearteten KitKatKlub. Einen tagesaktuellen Terminkalender findet man auf:

hoy-milonga.com/berlin/de

Asado in Berliner Steakhäusern

„Asado" ist in Uruguay, Paraguay und Chile, aber vor allem in Argentinien eine wahre Festmahlzeit. Dabei wird am Wochenende gemeinsam mit der Familie oder dem Freundeskreis gegrillt, an Spießen werden verschiedene Fleischsorten gebraten, vor allem Rindfleisch in allen Variationen. Doch um diese Grillspeise selbst auszutesten, muss man nicht nach Argentinien reisen: In einigen Berliner Steakhäusern gibt es eine große Auswahl an hochwertigen Steaks aus südamerikanischem Fleisch in allen Garstufen, als Alternative auch Schweinemedaillons oder Spare-Ribs, dazu natürlich Saucen und Salate. Am besten sucht man einfach nach einem Steakhaus, das den Begriff „Asado" im Namen trägt – davon gibt es in Berlin nämlich gleich mehrere, die zwar nicht zusammengehören, aber alle typisch argentinische Gerichte anbieten.

Invasion Filmfestival

Selbst in Berlin findet man auf den Kinoprogrammen fast nur amerikanische und französische, britische und deutsche Filme. Wie gut, dass es das Invasion Filmfestival gibt! Das bringt argentinische Filme ins Berliner Kino, die zwar international gefeiert, aber kaum auf der großen Kinoleinwand gezeigt wurden. Vorgestellt werden Spielfilme und Dokumentarfilme im Original mit deutschen oder englischen Untertiteln. Die Regisseur*innen sind dabei meist anwesend, zusätzlich finden Ausstellungen, Konzerte oder Lesungen statt. Gegründet wurde das argentinische Filmfestival 2014 anlässlich des 20-jährigen Jubiläums der Städtepartnerschaft zwischen Berlin und Buenos Aires. Seit seiner Gründung wechselt das Festival immer wieder Orte und Formate. Fand es anfangs noch im Babylon statt, zog das Invasion bald darauf durch die verschiedensten Kinos der Stadt. 2023 wurde es sogar in zwei Veranstaltungen aufgeteilt, wobei auch im Humboldt Forum Filme gezeigt wurden. Wie es weitergeht, erfahren Sie auf:

invasionberlin.com/festival/de/

Mentelinstraße 45

Die argentinische Wandmalerin und Illustratorin Fio Silva beschäftigt sich vor allem mit den Themen Natur, Zeit und Tierwelt. Mit lebendigen Farben, Dynamik und Energie sind ihre Werke wahre Blickfänge. So auch ihr Wandbild Farbige Tierwelt, mit dem sie im Rahmen des Projekts Kunst für den Kiez ein Wohnhaus in Oberschöneweide in ein Kunstwerk verwandelt hat.

Mentelinstraße 45, Oberschöneweide

Argentinisches Zentrum in Nord-Ost-Deutschland

Seit 2009 setzt sich der CAARNE Verein ehrenamtlich für die Förderung der Beziehungen zwischen Deutschen und Argentinier*innen ein. Das Argentinische Zentrum in Berlin unterstützt nicht nur argentinische Auswanderer*innen bei der Integration in Deutschland, sondern richtet auch regelmäßig Veranstaltungen wie deutsch-argentinische Filmabende, Lesungen und Musikveranstaltungen aus, zu denen auch Nicht-Mitglieder herzlich eingeladen sind.

caarne.de/w/es:pub:start

BRASILIEN

Von den weißen Sandstränden der Copacabana bis zum weltweit größten Regenwaldgebiet; vom wirtschaftlich starken Süden bis zum traditionell geprägten Norden hat das größte Land Südamerikas nicht nur atemberaubende Landschaften, sondern auch eine Menge Gegensätze zu bieten. Kaum ein Land hat eine so lebendige Kulturszene, kaum ein Land ist so vielfältig – und kaum ein Land ist so fußballverrückt. Ob man in die Musik Brasiliens eintauchen will oder in eine brasilianische Buchhandlung, einen Garten in Flammen sehen oder mit den Brasilianer*innen Berlins Fußball schauen möchte – all das geht in Berlin!

Psicotrópicos Festival

Hier kann man die Vielfalt Brasiliens entdecken. Jeden Sommer erweckt das Psicotrópicos Festival den Festsaal Kreuzberg mit brasilianischer Musik und Liveperformances zum Leben. Dabei geben sich verschiedenste Künstler*innen aus Brasilien die Ehre.

Festsaal Kreuzberg, Am Flutgraben 2, Treptow, bossafm.com

A Livraria

Sie ist ein Muss für buchverliebte Weltreisende. Die kleine Buchhandlung in Mitte hat ausschließlich brasilianische, portugiesische, spanische und italienische Bücher im Sortiment, und zwar aus allen Genres. Nicht-Sprachkundige sind ebenfalls willkommen: Sie können die Regale mit dem brasilianischen Kunsthandwerk durchstöbern. A Livraria bietet außerdem regelmäßig Portugiesischkurse für Kinder an sowie Lesungen und Filmvorführungen.

Torstraße 159, Mitte, mondolibro.de

Brasilianisches Gartenkabinett

Dieses Gartenkabinett steht ganz im Zeichen der vier Elemente: Es symbolisiert das harmonische Zusammenwirken der Grundelemente Feuer, Wasser, Luft und Erde. Entworfen vom brasilianischen Landschaftsarchitekten Alex Hanazaki, besticht der Garten mit klaren Formen und akkurater Gestaltung. Highlight des Kabinetts ist das Wasserbecken, in dem sich das Sonnenlicht – aus dem richtigen Winkel gesehen – so bricht, als würde es in Flammen stehen.

Blumberger Damm 44, Marzahn, gaertenderwelt.de/welt-entdecken

Café Mori

Hier schmeckt es wie in Brasilien! Im Café Mori wird der Kaffee mit Arabica-Kaffeebohnen aus São Paulo zubereitet – und das Essen aus frischen brasilianischen Zutaten. Auch das heimelige Ambiente sorgt für Wohlfühlstunden. Darüber hinaus werden im Café oft brasilianische Veranstaltungen organisiert. Vor allem wenn die Seleçao, die brasilianische Fußball-Nationalmannschaft, spielt, ist hier der Teufel los.

Wiener Straße 13, Kreuzberg, cafemori.eatbu.com

Brasil Ensemble

Brasilianisch Musik machen, das geht auch in Berlin! Das Brasil Ensemble der Musikschule City West, das die deutsch-brasilianische Dirigentin Andrea Huguenin Botelho leitet, versteht sich als multikulturelle Gemeinschaft und Ausbildungsplattform. Das Ensemble, das regelmäßig Konzerte gibt, besteht aus einem fünfstimmig gemischten Chor und einer Jazzband. Einstudiert werden ausschließlich Stücke brasilianischer Komponist*innen auf Portugiesisch. Neue Mitmusiker*innen sind jederzeit herzlich willkommen, egal auf welchem Niveau.

Musikschule City West, Platanenallee 16, Charlottenburg, brasil-berlin.de

Festa Junina

Der Juni steht in Brasilien ganz im Zeichen des Juni-Fests. Im südamerikanischen Mittwinter feiert man dann das Ende der Regenzeit und dankt den Heiligen Antonius, Johannes und Petrus für die Ernte. In Berlin wird die Festa Junina alljährlich im Festsaal Kreuzberg gefeiert – mit einem farbenfrohen, wilden Volksfest mit Spielen, brasilianischem Essen, Getränken und ganz viel Kultur. Es wird getanzt und Musik gemacht, vor allem Forró – ein beliebter Musikstil, der von drei Musiker*innen mit Akkordeon, Zabumba (Basstrommel) und Triangel (!) gespielt wird. Da das Juninafest vor allem ein ländliches Volksfest ist, trägt man Kleidung, wie sie die Landbevölkerung früher getragen hat: Strohhüte, karierte Hemden, Hosenträger und bunte Kleider. Getanzt wird vor allem die Quadrilha, ein traditioneller Paartanz.

Traditionell ein wichtiges Element der Forró-Musik: die Triangel

Festsaal Kreuzberg, Am Flutgraben 2, Treptow

VENEZUELA

Nachrichten aus Venezuela sind seit vielen Jahren fast nur noch negativ. Es geht um Armut, Gewalt, autoritäre Herrschaft, Umweltprobleme. Dabei ist das Land an der Nordküste Südamerikas reich – an Bodenschätzen (vor allem Erdöl) und an Naturschönheiten: mit karibischen Küsten wie aus dem Bilderbuch, üppigem Regenwald und schneebedeckten Andengipfeln. Kulturell ist Venezuela geprägt von einer Mischung aus indigenen, europäischen und afrikanischen Einflüssen.

Por Venezuela en Berlin e.V.

15 Prozent aller Kinder sind in Venezuela unterernährt, weitere 20 Prozent stehen kurz davor. Der Verein Por Venezuela en Berlin ist ein deutsch-venezolanischer Freundschaftskreis, der zwischen Venezolaner*innen und Deutschen vermitteln will. Er unterstützt Hilfsprojekte, Kulturveranstaltungen und Feste, deren Einnahmen gespendet werden, etwa für den Kauf von Säuglingsmilch und Medikamenten.

Schneebergstraße 100, Lankwitz, porvenezuelaenberlinev.com

Rubens Arepas

Arepas sind in weiten Teilen Südamerikas ein Klassiker zu jeder Mahlzeit. Die in der Pfanne gebratenen Maismehlfladen werden mit den unterschiedlichsten Zutaten gefüllt, meist sind aber schwarze Bohnen, Süßkartoffeln, Käse, Avocado oder verschiedene Fleischsorten dabei. Im venezolanischen Rubens Arepas am Frankfurter Tor kann man sich die Arepas direkt als Street Food abholen oder vor Ort essen. Eine außergewöhnliche kulinarische Erfahrung!

Warschauer Straße 81, Berlin-Friedrichshain, rubens-arepas-berlin.de

El Carrito

Wenn Venezolaner*innen diese Arepas empfehlen, dann müssen sie gut sein: Seit Jahren schon verkauft Sharon Schael in ihrem Foodtruck am Mauerpark jeden Sonntag die leckeren gefüllten Maisbrottaschen. Und dazu gibt's gute Musik, mal Reggae, mal Salsa, denn die gebürtige Venezolanerin hat jahrelang als DJane gearbeitet, ehe sie nach Berlin kam. Am Treptower Hafen betreibt sie inzwischen einen zweiten, ebenfalls sehr beliebten Imbiss: La Casita.

El Carrito (im Mauerpark): Gleimstraße 55, Prenzlauer Berg
La Casita (am Treptower Hafen): Puschkinallee 15, Treptow

Noch mehr Reiseziele?

Neben den vielen Berliner Geschäften und Vereinen, die sich ganz der Kultur eines einzelnen Landes verschrieben haben, gibt es natürlich auch die Orte, die in sich schon Möglichkeiten für eine Weltreise bieten. Bereits genannt haben wir den Berliner Zoo und den Tierpark, die Gärten der Welt und den Botanischen Garten sowie die Berliner Museen und die Staatsbibliothek. Aber es gibt noch mehr zu entdecken.

Haus der Kulturen der Welt

Im HKW kommen unterschiedliche Nationen und Kulturen in der Kunst zusammen. Auf dem Programm stehen neben Installationen und Ausstellungen auch Konzerte, Lesungen, Filmvorführungen, Gesprächsrunden und vieles mehr. Zum HKW, der ehemaligen Kongresshalle zwischen Tiergarten und Spree, gehört auch das Restaurant Weltwirtschaft, das seinem Namen mit „internationaler Weltküche" alle Ehre macht.

John-Foster-Dulles-Allee 10, Tiergarten, hkw.de

Internationale Tourismus-Börse

Jedes Jahr im März laden Länder, Städte, Reiseveranstalter und viele andere Dienstleister aus fast allen Ländern der Welt zu einer Entdeckungsreise ein. Die Internationale Tourismus-Börse, kurz ITB, findet seit über 50 Jahren auf dem Berliner Messegelände statt und bietet (Fach-)Besucher*innen ein buntes Programm.

Messe Berlin: Messedamm 22, Westend, itb.com

Karneval der Kulturen

Wem mehr nach feiern als nach Messe ist, der sollte unbedingt den Karneval der Kulturen besuchen! Hier gibt es – jedes Jahr am Pfingstwochenende – sowohl beim großen Umzug als auch beim Straßenfest rund um den Blücherplatz eine bunte Mischung an Kultur und Kulinarik aus aller Welt zu bestaunen.

karneval.berlin

Berliner Markthallen

Kulinarische Besonderheiten findet man außerdem ganzjährig in den Berliner Markthallen: In der Markthalle Neun, der Arminiusmarkthalle oder der Markthalle Tegel eröffnen immer wieder neue Stände mit Lebensmitteln und Gerichten aus aller Welt.

Markthalle Neun: Eisenbahnstraße 42–43, Kreuzberg, markthalleneun.de
Arminiusmarkthalle: Arminiusstraße 2–4, Moabit, arminiusmarkthalle.com
Markthalle Tegel: Grußdorfstraße 7, Tegel, gorkistrasse.de/markthalle-tegel

Dussmann – Das KulturKaufhaus

Wir wollen dieses Buch nicht ohne eine letzte Buchhandlungsempfehlung beschließen: Im KulturKaufhaus Dussmann gibt es nicht nur einen English Bookshop, sondern auch eine Auswahl an italienischen, spanischen, französischen, ukrainischen, türkischen, russischen und chinesischen Büchern. Und nicht zuletzt wegen der großen CD- und Plattenabteilung – in der man natürlich auch viele internationale Künstler*innen findet – lohnt sich ein Besuch.

Friedrichstraße 90, Mitte, kulturkaufhaus.de

Register

Bildquellen

Gärten der Welt: 46, 127 (© Grün Berlin), 137, 175, 180 (© Konstantin Börner)

Günter Schneider: 41, 140

Holland-Park: 58 (© Holland-Park)

Jüdisches Museum Berlin: 105 (© Jüdisches Museum, Roman März)

Museumsstiftung Post und Telekommunikation: 91 (© Museumsstiftung Post und Telekommunikation)

Pexels: 31 (Laura Musikanski), 35 (renimbindery.art), 38 (Gül Işık), 59 (Vlado Paunovic), 89 (Juanita Theron), 108 (Nadin Sh), 122 (Amar Preciado), 131 (Darya Sannikova), 153 (Pixabay), 165 (Pixabay)

Samurai Museum Berlin: 128 (© Samurai Museum Berlin, M. Mau)

Unsplash: 13 (Clarette Photo), 17 (Dave Mullen), 37 (June Andrei George), 39 (Ata Ebem), 45 (Kelsey Curtis), 49 (Luke Wang), 51 (Marquis de Photographie), 61 (Christoffer Engström), 62 (Sefton Marks), 63 (Dylan de Jonge), 65 (Ana Ribeiro), 67 (Oscar Nord), 68 (Hector John Periquin), 73 (Matthew Spiteri), 83 (Chibuzo Nwaneri), 102 (Sam Moghadam Khamseh), 107 (Edgar Castrejon), 117 (Gagan Kumar Chawda), 119 (Chris Curry), 121 (Debbie Tea), 125 (Annie Spratt), 133 (Wan San Yip), 134 (Serj Sakharovykiy), 149 (Hannah Busing), 156 (Antoine Schibler), 157 (Joseph Hersh), 160 (Bruno Cervera), 161 (Eduardo Dorantes), 162 (Chad Montano), 172 (Alexandra Tran), 176 (Preillumination Setz), 181 (Karla Vidal), 183 (Frederick Medina)

Wikimedia: 14 (Peter Kuley, CC BY-SA 3.0), 19, 20 (Donald Trung Quoc Don, CC BY-SA 4.0), 23 (Manfred Brückels, CC BY-SA 3.0), 25 (Elena Dunkul, CC BY-SA 4.0), 26 (Mrslonk, CC BY-SA 4.0), 28 (Miriam Guterland, CC BY-SA 3.0), 42 (Jose Hidalgo, CC BY-SA 2.0), 53 (Marek Śliwecki, CC BY-SA 4.0), 54 (Paul van der Werf, CC BY-SA 2.0), 76 (Aieman Khimji, CC BY-SA 2.0), 77 (Jafra Ali, CC BY-SA 4.0), 85 (BabBen98, CC BY-SA 4.0), 86, 93 (Shadowgate, CC BY-SA 2.0), 94 (ProtoplasmaKid, CC BY-SA 4.0), 99 (Philip Pikart, CC BY-SA 3.0), 144 (PortMart186, CC BY-SA 4.0), 155, 178 (Singlespeedfahrer)

Eine Auswahl weiterer Titel der Berlin-Kompakt-Reihe:

www.jaron-verlag.de